Lernkrimi Italienisch

Opera oscura

Alessandra Felici Puccetti
Roberta Rossi

Weitere Informationen zu Compact Lernkrimis finden Sie am Ende des Buches und unter www.lernkrimi.de.

Baierbrunner Straße 27, 81379 München
Ausgabe 2016
3. Auflage

Chefredaktion: Dr. Matthias Feldbaum
Redaktion: Isabella Bergmann
Fachkorrektur: Valerio Vial
Produktion: Ute Hausleiter
Titelillustration: Karl Knospe
Lernkrimi-Logo: Carsten Abelbeck
Typografischer Entwurf: EKH Werbeagentur GbR, textum GmbH
Umschlaggestaltung: EKH Werbeagentur GbR, Hartmut Baier

ISBN 978-3-8174-8837-7
381748837/3

www.compactverlag.de, www.lernkrimi.de, www.facebook.com/lernkrimi

Vorwort

Liebe Leserin, lieber Leser,
sicher zum Lernerfolg – mit Spaß und Spannung! Die Compact Lernkrimis mit ihrer Kombination aus Lektüre und didaktischem Übungsanteil eignen sich hervorragend, um breite Sprachkompetenzen in der Fremdsprache zu erwerben. Der Lerner wird dabei durch die spannende Handlung, das angemessene Sprachniveau und den stetig ansteigenden Schwierigkeitsgrad der Übungen gefördert und motiviert.
Entwickelt nach neuesten Erkenntnissen der Fremdsprachendidaktik, sind Compact Lernkrimis das ideale Medium für einen Lernerfolg im Selbststudium. Durch die kleinen Texteinheiten und den hohen Übungsanteil sind sie aber auch als Unterrichtslektüre bestens geeignet.

So lernen Sie mit Compact Lernkrimis:

- **Mit Begeisterung lernen:** Die packende Krimihandlung motiviert Sie beim Lesen des italienischen Originaltextes.
- **Wissen intensivieren und erweitern:** Durch die Kombination aus didaktisch aufbereiteter Lektüre und textbezogenen Übungen testen und trainieren Sie Ihre Sprachkenntnisse effektiv. Vokabelangaben auf jeder Seite unterstützen Sie beim Lesen.
- **Systematisch lernen:** Knüpfen Sie an Ihr individuelles Sprachniveau an und setzen Sie eigene Lernziele – linear im Schwierigkeitsgrad ansteigend oder mit punktuellen Schwerpunkten von Grundwortschatz bis Hörverstehen.
- **Unabhängig sein:** Lernen Sie individuell – wo und wann immer Sie wollen.

Viel Spaß beim spannenden Erlernen der italienischen Sprache
wünscht Ihnen

Prof. Dr. Christiane Neveling
Didaktik der romanischen Sprachen, Universität Leipzig

Inhalt

Opera oscura ... 5
L'ultimo regalo ... 45
Capri: omicidio sotto il sole ... 85
Test finale ... 126
Soluzioni ... 133
Glossario ... 140
Indice degli esercizi ... 154

Opera oscura

Roberta Rossi

1 La sera della prima

Il Teatro Regio di Parma è in grande festa. Questa sera è in scena l'opera "La traviata" di Giuseppe Verdi.
Tanta gente vestita molto elegante sale la grande scala fino alla sala del Magnani. La maggior parte delle donne è vestita di nero e indossa molti gioielli. Gli uomini hanno invece quasi tutti lo smoking con farfallino o cravatte in colori classici, come il nero o il blu, qualcuno anche il rosso.
Tutta la gente più ricca e importante di Parma si è data appuntamento per l'inaugurazione della stagione lirica, che quest'anno celebra l'anniversario di Giuseppe Verdi.

prima *f*	Premiere, Erstaufführung
indossare	anziehen, anhaben
farfallino *m*	Fliege (Bekleidungsstück)
inaugurazione *f*	Eröffnung
anniversario *m*	Jubiläum
anziano	alt
considerare	betrachten

"'La traviata' è tratta dalla pièce teatrale di Alexandre Dumas figlio 'La signora delle camelie'," spiega un'anziana signora alla sua nipotina Matilde.
Matilde, che ha sedici anni, vede la sua prima opera lirica questa sera e ascolta la nonna molto attenta.
"È considerata l'opera più romantica del compositore Giuseppe Verdi," continua la signora.
"Ma parla d'amore, cara nonna?" chiede curiosa Matilde, che, per la prima volta in vita sua, si è innamorata del suo compagno di scuola.
"Sai che non so la storia..." dice Matilde.

"Racconta la storia di una 'donna di mondo', una cortigiana **d'alto bordo** a Parigi, Violetta Valéry, che si innamora di un giovane chiamato Alfredo. Ma lei, per amore, decide di **sacrificarsi** e di lasciarlo libero, convinta dal padre di lui che è meglio così. Alla fine lei muore per la tubercolosi, tra le braccia[i] di lui che è venuto a sapere del suo **sacrificio**," conclude la nonna.
"È molto triste..." commenta la nipote.
"L'opera lirica è qualcosa che si ha dentro. La prima volta l'odierai o l'amerai, cara Matilde, e allora sarà per sempre con te. Non **si tratta** solo **delle** parole, della musica, il melodramma è una vera esperienza che si capisce o no. Qualcosa di veramente personale per ognuno di noi," dice la nonna **stringendole** la mano.

Matilde **osserva** adesso il **palcoscenico** e le **pare** di vedere degli occhi che guardano da dietro la **tenda**.
Sono quelli di Ronaldo, il tenore che interpreta Alfredo e che stringe a sé la mano di Rosetta, la giovane soprano che questa sera sarà Violetta.
È al suo **esordio** ed è molto nervosa. **Si affida** a Ronaldo come suo mentore.

Der Plural vieler Körperteile im Italienischen ist unregelmäßig:

il labbro	**le labbra**
il braccio	**le braccia**
il dito	**le dita**
l'osso	**le ossa**
il ginocchio	**le ginocchia (auch i ginocchi)**
l'orecchio	**le orecchie (auch gli orecchi)**

d'alto bordo	aus der gehobenen Gesellschaft
sacrificarsi	sich (auf)opfern
sacrificio *m*	Opfer
trattarsi di	sich handeln um
stringere	drücken
osservare	beobachten, betrachten
palcoscenico *m*	Bühne
parere	scheinen
tenda *f*	*hier*: Vorhang
esordio *m*	*hier*: Debüt; Anfang
affidarsi	sich anvertrauen

Esercizio 1: Possessivi. Ergänzen Sie die Sätze mit den korrekten Possessivpronomen!

1. Accanto a Matilde c'è ______________ nonna.
2. Un uomo elegante ha messo il ______________ fazzoletto di seta nel taschino della giacca.
3. "Non parlo volentieri dei ______________ sentimenti," dice Matilde alla nonna.
4. "Matilde, sei comoda sulla ______________ poltrona?" chiede la nonna.

"Hai paura, Rosetta?" le sussurra lui in un orecchio.

"Tanta, Ronaldo," confessa Rosetta. "Non dovremmo essere qui, ma in camerino. Mi hanno detto che porta sfortuna per i cantanti incontrarsi e guardare il pubblico prima dello spettacolo," insiste lei spingendolo via.

sentimento *m*	Gefühl
sussurrare	flüstern
confessare	gestehen
insistere	beharren
spingere	schieben, schubsen
viso *m*	Gesicht
superstizioso	abergläubisch

Rosetta ha lunghi capelli biondi e un fisico fragile. È bassa e magra. Ronaldo è invece molto alto, quasi un metro e novanta, ha un corpo muscoloso e grandi occhi castani. Si vedono ancora di più nel suo viso perché ha lunghi capelli neri.

"Sai che non sono superstizioso e non ho paura. E poi sento la musica e l'opera di Verdi vicino a me."

Mentre accompagna Rosetta in camerino, perché finisca di prepararsi, le racconta così la storia di Giuseppe Verdi.

"Giuseppe Verdi era un uomo di grandi passioni e forti emozioni, ma al tempo stesso molto legato alla sua terra. Nato il 10 ottobre 1813 a Roncole di Busseto vicino a Parma in un'umile casa di contadini, dimostrava da subito una vocazione per la musica," racconta a Rosetta.

umile	bescheiden
contadino *m*	Bauer
vocazione *f*	Berufung
incantato	verzaubert
stregato	verhext
gestire	leiten, führen
nozione *f*	Kenntnis, Begriff
vena *f* artistica	künstlerische Ader
ammettere	*hier*: zulassen; zugeben

Sa che probabilmente la conosce, ma, come in un rito, prima di ogni opera si diverte a raccontare a qualcuno la vita di Verdi.

Da parte sua Rosetta lo ascolta incantata, stregata dal suo fascino di grande tenore.

"I genitori gestivano, proprio come i miei adesso a Parma, un'osteria con una piccola bottega al piano terra della loro casa, ma il talento di loro figlio è stato scoperto dal vecchio organista Pietro Baistrocchi. Quest'ultimo gli ha insegnato le prime nozioni di musica. Il suo talento è stato poi portato avanti anche dal venditore di liquori Antonio Barezzi, di cui Verdi sposerà la figlia Margherita. Nella sua vena artistica credeva poi molto il maestro Vincenzo Lavigna, che è stato suo insegnante nel 1832, perché Verdi non era stato ammesso al Conservatorio di musica di Milano[i]. Questo era un dispiacere che

Die **Musikschule** in Mailand ist nach Giuseppe Verdi benannt, allerdings hat er selbst dort nie studiert, da der Komponist durch die Eingangsprüfung gefallen ist. Es ist das größte Institut Italiens für musikalische Ausbildung; unter anderem lernten dort so bekannte Dirigenten wie **Riccardo Muti** und **Claudio Abbado.**

Verdi non riusciva mai a dimenticare per tutta la sua vita, nemmeno da vecchio."

Rosetta rimane in silenzio e ascolta.

Intanto hanno raggiunto il camerino di lei, ma lei si ferma ad ascoltarlo ancora per un attimo sulla porta.

Esercizio 2: Preposizioni. Lesen Sie weiter und ergänzen Sie die richtigen Präpositionen!

"A Milano Verdi studiava le opere di altri artisti come Corelli, Haydn, Mozart e Beethoven e veniva a contatto **1.** ______ il mondo della Scala di Milano. Viveva **2.** ______ una camera **ammobiliata** in casa **3.** ______ un **affittacamere** e usciva solo per andare a mangiare **4.** ______ trattoria.

Precedentemente Verdi aveva avuto un duro momento personale, perché aveva perso la prima moglie e due figli in pochi mesi. Era proprio a Milano che una sera l'impresario della Scala, Bartolomeo Merelli, lo convinceva a leggere il libretto di 'Nabucco'. Prima di quest'opera, su insistenza del soprano Giuseppina Strepponi, che diventerà poi la seconda moglie di Verdi, Merelli aveva già deciso di includere nella stagione autunnale l'opera 'Oberto'.

Il grande successo per Verdi arrivava l'8 marzo 1842, quando alla Scala fu rappresentato per la prima volta il 'Nabucco'. Tra il 1842 e il 1851 Verdi scriveva così ben tredici opere e il suo successo arrivava in tutto il mondo. Al successo de 'Il trovatore' e 'Rigoletto' seguivano i fiaschi de 'La traviata' e 'Simon Boccanegra', riconosciuti solo più tardi. Seguivano poi 'Macbeth', 'La forza del destino', 'Don Car-

los', 'Aida' e 'Messa di Requiem', conclude Ronaldo e lascia Rosetta con un bacio sulla fronte.
"Buona fortuna, Rosetta," le dice.
"Anche a te, caro Ronaldo," risponde lei con un dolce bacio sulle labbra di lui.
Rosetta ripensa alla triste fine di Giuseppe Verdi, quando vede Ronaldo allontanarsi.
Verdi moriva a 87 anni, solo e triste, dopo molti dispiaceri sia personali che lavorativi.
Oltre alle critiche al suo lavoro, il suo matrimonio con Giuseppina Strepponi è stato messo in crisi dall'ammirazione di lui per la giovane soprano Teresina Stolz. Così Verdi moriva come uno dei personaggi delle sue opere liriche, distrutto dalle pene d'amore.
Rosetta si siede al suo tavolo, aspetta la chiamata per entrare in scena.
Ripensa a Ronaldo e poi al suo fidanzato, Augusto.
Augusto è un giovane architetto che ha fatto davvero di tutto per trovare un biglietto in seconda fila per questa serata speciale.
Rosetta è al suo esordio ed era riuscita a trovargli un biglietto solo in loggione, ma lui la voleva vedere da vicino.
Così questo biglietto gli è costato davvero molto, troppo per il suo lavoro da architetto alle prime armi. Ma lui è disposto a fare qualsiasi cosa per conquistare il cuore di Rosetta, proprio come Alfredo, il personaggio de "La traviata", quello della cortigiana Violetta.

ammobiliato	möbliert
affittacamere *m/f*	Vermieter
precedentemente	vorher
impresario *m*	Unternehmer
labbro *m*	Lippe
allontanarsi	sich entfernen
ammirazione *f*	Bewunderung
pena *f*	Leid
fidanzato *m*	Verlobter
(essere) alle prime armi	ein (blutiger) Anfänger (sein)
essere disposto a	bereit sein zu
conquistare	erobern

Per la prima al Teatro Regio di Parma è difficile trovare i biglietti, perché questo è uno degli eventi più mondani di tutta la città.
Il Teatro Regio è uno dei più belli e famosi teatri d'Italia e uno dei più prestigiosi.
Del resto Parma ha la fama di capitale della musica, dell'arte e del buon vivere.
È una città non molto grande, ma grazie al suo fascino e alla buona qualità della vita è riuscita a stregare personaggi come Montesquieu, Casanova, Proust, Stendhal e perfino il poeta tedesco Tieck.
A Parma sono nati grandi musicisti e artisti come Arturo Toscanini, ma soprattutto Giuseppe Verdi.
Con la sua barba bianca lo si riconosce in fotografie appese ai muri nei negozi o nei caffè, mentre nelle pasticcerie si sente suonare la melodia di "Va' Pensiero", l'aria del "Nabucco".

prestigioso	angesehen
fama *f*	Ruhm
appeso	aufgehängt
brano *m*	Stück
appassionato/a *m/f*	Begeisterter

Altri suoi brani d'opera vengono cantati dalla gente nelle osterie, specialmente dopo aver bevuto un buon bicchiere di vino, mentre in città esistono diversi circoli verdiani, di suoi fan e appassionati.
C'è perfino un club dove i membri, tutti maschi, portano i nomi di ognuna delle opere verdiane: "L'Aida", "La forza del destino", "Giovanna d'Arco", "Luisa Miller", "La traviata" e così via.
Cantare sul palco del Teatro Regio di Parma è una delle prove più difficili per un cantante di opera lirica.
Augusto lo sa.
Per questo è molto nervoso: sa che per Rosetta è una delle serate più importanti della sua vita e quindi anche per lui, che ormai non può più vivere senza di lei.

Esercizio 3: Cruciverba. **Übersetzen Sie die Wörter und lösen Sie das Kreuzworträtsel!**

Verticali

1. Blatt (Papier)
2. verlassen
4. schauspielern

Orizzontali

3. angekommen
5. Anfänger
6. Traum
7. aus Parma

Si spengono le luci della sala e l'opera comincia.
Rosetta canta perfettamente per tutta la serata insieme a Ronaldo che, pur essendo un tenore molto conosciuto e famoso in tutta Italia, sembra molto emozionato.
Anche durante l'intervallo Augusto sente solo ottime critiche da parte del pubblico ed è molto soddisfatto per Rosetta.

La musica diventa sempre più alta nella scena finale, quando Violetta sta per morire e Alfredo le sta **giurando** tutto il suo amore.
E in quel momento Augusto si sente quasi male.
Ha un caldo **improvviso**.
È seduto verso il corridoio, in seconda fila, e sente che deve allontanarsi, deve per forza andare in bagno.
L'emozione è così tanta che gli scendono grandi **lacrime** dagli occhi, è davvero molto felice per Rosetta e per il suo successo.
Mentre si allontana continua a guardarla.
Ronaldo fissa intensamente Rosetta, finché non cade a terra, ai piedi di lei sul letto.
All'inizio il pubblico, Rosetta e gli altri artisti credono che Ronaldo stia **recitando**.
Poi Rosetta nota del **sangue** uscire da una **fessura** dell'abito vicino al suo cuore.
Si mette a urlare, completamente rossa in viso.
Altre persone da **dietro le quinte** corrono vicino a lei e al corpo di Ronaldo, ormai senza vita.
"Gli **hanno sparato**! Gli hanno sparato!" urla Rosetta.
Intanto Augusto, che non è riuscito a **raggiungere** il bagno, sale sul palco, per aiutarla e cercare di calmarla.
Poco dopo sul palcoscenico viene consegnato un **mazzo** di rose rosse dal fiorista più famoso di Parma.
È per Ronaldo.
Vi si trova solo un messaggio: "Tanti saluti da Busseto e dai luoghi verdiani, patria di un grande maestro. Giuseppe Verdi".

giurare	schwören
improvviso	plötzlich
lacrima *f*	Träne
recitare	vortragen, spielen
sangue *m*	Blut
fessura *f*	Schlitz
dietro le quinte	hinter den Kulissen
sparare	schießen
raggiungere	erreichen
mazzo *m*	Strauß

2 L'incontro, ricordando Ronaldo

Rosetta e Augusto si incontrano in piazza Garibaldi davanti al Palazzo del Governatore.

Lui le stringe la mano e la invita a camminare, cercando ancora di consolarla per lo shock della serata precedente.

"Mi dispiace, cara Rosetta, troveranno il suo assassino. Ne sono sicuro," la rassicura lui.

"Non capisco come qualcosa di tanto brutto sia accaduto qui. Amo Parma, lo sai meglio di me, Augusto. Mi piace la sua eleganza e la sua gente, sempre gentile. E Parma ha una grande storia e cultura, per questo mi sento a casa qui. Tra le belle signore eleganti che vanno a fare compere a volte mi pare di riconoscere i visi delle fanciulle affrescate nella Chiesa della Steccata da un famoso pittore del passato come il Parmigianino. O in queste ragazze vedo anche la dolce bellezza di un altro grande artista del passato, come il Correggio. E poi adoro il Battistero, quando vi entro e mi guardo intorno sono molto felice. Il tempo pare essersi fermato, per la sua pace e bellezza. Mi sento al sicuro là dentro. A volte passeggio attorno al Duomo, raggiungo il complesso di S. Giovanni. Dopo aver ammirato la cupola del Correggio nel palazzo

consolare	trösten
precedente	vorige(r)
assassino *m*	Mörder
rassicurare	beruhigen, versichern
accadere	passieren
fanciulla *f*	(junges) Mädchen
affrescato	*hier*: als Fresko gemalt
adorare	verehren; lieben

rinascimentale dalla facciata barocca, mi perdo nella pace dei chiostri del monastero... Non so, ma ho sempre creduto che niente di brutto potesse accadere a Parma. E adesso non so cosa pensare. Ma chi potrebbe essere stato?" dice Rosetta.

Esercizio 4: Forme verbali. Lesen Sie weiter und unterstreichen Sie die korrekte Variante!

"Mi ricordo che andavi spesso al monastero con Ronaldo, tanto che **1.** ero / sono diventato molto **geloso**... E ora, invece, mi sento in colpa e uno stupido per aver **dubitato** di voi..." **2.** confessa / confessava lui.

"A Ronaldo **3.** piaceva / piace il monastero. **4.** Si fermava / Si fermerà spesso in **portineria** per comprare **miele**, creme, liquori e altri prodotti tipici realizzati dai monaci benedettini.

Nell'antica farmacia storica, sempre nelle mura[i] del convento, ci sono piccoli e grandi vasi che un tempo venivano usati per la preparazione di farmaci. Ronaldo si divertiva a guardarli e mi raccontava tante storie sul loro uso nel passato. Ero sicura che molte erano inventate. Lui era un burlone, non ci si poteva mai fidare completamente di quello che diceva!" insiste di nuovo lei.

> Achtung!
> **il muro (sg), i muri (pl) =**
> Mauer, Wand
> aber:
> **il muro (sg), le mura (pl) =**
> (Stadt-)Mauer, Ringmauer.

"Rosetta, sono stato sempre molto geloso di lui. Adesso che lui non c'è più, mi puoi dire: c'è mai stato niente tra di voi?" domanda Augusto.

"Perché me lo chiedi? Ha davvero importanza? Non **ti fidi di** me? **Piuttosto**, un altro posto che a Ronaldo piaceva molto era il Palazzo Ducale. Per andare a farci una passeggiata attraversava il Palazzo Pilotta, un vero centro culturale della città. È stato fatto costruire dalla famosa famiglia dei Farnese e ora ospita due musei, la Galleria Nazionale, la Biblioteca Palatina e il famoso Teatro Farnese. Quest'ultimo, costruito tutto in legno, è un **capolavoro** unico al mondo e ogni anno **fa da cornice** al Concorso Toscanini. Ronaldo adorava questo direttore e faceva di tutto per essere sempre presente in città in quel periodo..."

facciata *f*	Fassade
chiostro *m*	Kreuzgang
geloso	eifersüchtig
dubitare	zweifeln
portineria *f*	Pforte
miele *m*	Honig
inventato	erfunden
burlone *m*	Spaßvogel, Witzbold
fidarsi di qc.	jmd. vertrauen
piuttosto	*hier*: stattdessen
capolavoro *m*	Meisterwerk
fare da cornice	den Rahmen bilden
deluso	enttäuscht
affresco *m*	Fresko

"Pensi solo a lui ora, ma non ti ricordi che ti ho baciato nel parco del Palazzo Ducale, per la prima volta, Rosetta...? Abbiamo attraversato mano nella mano il ponte di Giuseppe Verdi, dal quale abbiamo guardato insieme il panorama sulla città. Ricordi, Rosetta?" chiede **deluso** Augusto, anche se, in fondo, gli dispiace sul serio per Ronaldo.

"Ricordo i lunghi viali con grandi statue e vasi artistici in marmo bianco... Ricordo la Camera del Bacio, all'interno del Palazzo Ducale, dove tu mi hai portato, per farmi vedere i diversi **affreschi**, ancora con la paura di confessare il tuo amore... Allora pensavo che

tu e Ronaldo eravate amanti... Non ero sicuro. Non sapevo se tu avevi sentimenti per me..." confessa Augusto diventando rosso.
"Ricordo nel parco il viale che portava a un piccolo lago e i resti di un antico tempio, il boschetto d'Arcadia, un luogo romanticissimo. È stato lì che tu, con il tono melodrammatico come in un'opera di Giuseppe Verdi, mi hai confessato il tuo amore. Ti sei inginocchiato e mi hai detto, come un uomo d'altri tempi, cercando di imitare la melodia di un'opera lirica: 'Rosetta, io L'amo'. Mi ricordo che mi hai dato del Lei, come per mantenere un tono ufficiale," dice sorridendo Rosetta.

lago *m*	See
inginocchiarsi	sich niederknien
dichiarazione *f* d'amore	Liebeserklärung
imbarazzato	verlegen
sguardo *m*	Blick
indagare	ermitteln
nemico *m*	Feind
graffiare	kratzen
ramo *m*	Ast
stringersi	sich festhalten

"Volevo una cosa speciale per te, volevo qualcosa di diverso da qualsiasi altra proposta o dichiarazione d'amore per te," le sussurra Augusto imbarazzato. "Tu sei così bella, Rosetta, e so che sei abituata a ricevere tanti complimenti," aggiunge ancora.
"Chissà Ronaldo cosa ti avrà mai detto...," ammette poi con un certo tono triste.
"Dobbiamo fare qualcosa per Ronaldo, Augusto. Glielo dobbiamo come amici," gli dice ora Rosetta.
In quel momento alza lo sguardo da sotto un bellissimo cappellino rosa che indossa, lo fissa coi suoi grandi e dolci occhi verdi.
E Augusto, quando lei lo guarda così, non può dirle di no.
"Sì, hai ragione. Ma c'è la polizia che sta indagando, Rosetta," cerca di dire.
"Per favore, Augusto. Stai parlando del commissario Amicotti. È quello che è finito nelle notizie del quotidiano *La Gazzetta di Parma*,

perché è caduto da un albero mentre cercava di prendere il gatto scappato a una vecchietta! Ma ti ricordi?"
"Sì, ricordo la notizia che diceva: 'Commissario di polizia ferito da un grande nemico!'" ammette Augusto ridendo.
"Infatti, il gatto l'ha graffiato sul grosso naso e così l'ha fatto cadere e lui..."

Esercizio 5: Di o che? Setzen Sie ein!

1. È più bello andare a piedi _______ in macchina.
2. Lei è più giovane _______ te.
3. È più interessante guardare uno spettacolo a teatro _______ un film al cinema.
4. Mia figlia è più alta _______ me.

"Lui era tanto grosso che è caduto dal ramo a cui si era stretto per prendere il gatto!" dice Rosetta.
"Questo avrebbe fatto ridere tanto perfino il povero Ronaldo... In fondo era una buona persona e dobbiamo fare qualcosa per scoprire il suo assassino."
"Va bene, Rosetta. Come vuoi tu," conclude Augusto.
"L'assassino ha lasciato un messaggio dove parlava dei luoghi verdiani. Secondo me ci dobbiamo andare e cercare di scoprire se qualcuno sa qualcosa."
"Come vuoi tu, Rosetta. Ho telefonato al commissario Amicotti prima e mi ha detto che lui è convinto di una cosa: l'assassino è uno psicopatico che crede di essere Giuseppe Verdi," continua Augusto, ma Rosetta interviene subito.

"Davvero? Non ci vuole una grande fantasia, visto che l'assassino si è firmato proprio così, non credi?"
"Infatti. È la stessa cosa che ho pensato io," ammette Augusto, convinto.

Esercizio 6: Contrari. **Wie lautet das Gegenteil?**

1. amico ______________________
2. simile ______________________
3. amare ______________________
4. fortunato ______________________

3 Alla ricerca dell'assassino

A Roncole dei grandi cartelli stradali indicano l'itinerario verdiano.

itinerario *m*	Rundweg, Route
essere affezionato a qc.	an etw. hängen
pozzo *m*	Brunnen
ombra *f*	Schatten
portiera *f*	Autotür

Rosetta e Augusto ci vanno con la macchina di lei: una Cinquecento gialla che fa molto fumo e un grande rumore ogni volta che si ferma. È molto vecchia e non funziona bene, ma Rosetta è affezionata alla macchina.
Così Augusto decide di non dire nulla, per non deluderla. E la lascia anche guidare, perché lei vuole così.
Si trovano di fronte a un'umile casa di contadini, con un grande pozzo all'ingresso.
A Rosetta pare di vedere un'ombra strana vicino alla casa.
"Augusto, lo vedi anche tu? C'è qualcuno presso la casa. Si sta nascondendo? Presto, corriamo a vedere," dice Rosetta e ferma la macchina.
Salta poi giù aprendo la portiera.
Tutti e due vanno verso l'ombra, ma non appena si avvicinano la riconoscono: è il commissario Amicotti!
"Salve, ragazzi! Volete giocare ai detective? Lasciate fare ai professionisti come me, non capite che è molto pericoloso?"
"Ronaldo era un nostro amico, vogliamo aiutare," spiega Rosetta.

Il commissario Amicotti pare affaticato da un grande sforzo.

Si appoggia con una mano alla spalla di Rosetta, quasi per riposare.

È un uomo non troppo alto e molto grasso, tanto da non riuscire a fare movimenti veloci a causa del suo peso.

"Come commissario di polizia vi devo dire di andare via, ma so che non lo farete. Come amico, vi invito a restare. Ma ora facciamo un giro," dice.

"Sì, ma guido io," precisa Rosetta.

affaticato	angestrengt, ermüdet
sforzo *m*	Mühe, Anstrengung
appoggiarsi	sich anlehnen
riposare	ausruhen
cenno *m*	Anzeichen, Wink
accontentare	zufriedenstellen
testardo	dickköpfig
sedile *m* posteriore	Rücksitz

Il commissario Amicotti guarda Augusto preoccupato.

"Rosetta, ma hai visto quanto sono grasso? Davvero ci posso stare nella tua piccola Cinquecento?"

"Troveremo un modo," risponde lei.

Augusto fa cenno all'altro uomo di accontentare Rosetta.

Sa che è molto testarda.

Impiegano dieci minuti per riuscire a trovare una posizione nella Cinquecento.

Esercizio 7: Traduzione. Lesen Sie weiter und übersetzen Sie die markierten Wörter!

Alla fine fanno salire Augusto, che è **1.** dünn ______________, sul **sedile posteriore**, mentre il commissario Amicotti si siede davanti e **2.** lächelt ______________.

Cerca di tenere dentro la sua grossa **pancia**, che invece si spinge avanti fino al finestrino. Molto **3.** verlegen ______________ guarda Rosetta, che pare invece soddisfatta.

"Allora, dove si va?" dice lei **4.** glücklich ______________.

"Qui è nato Verdi, ho guardato ovunque, ma non ho trovato nulla. Nella chiesetta qui vicino si può ancora vedere l'organo col quale suonava da ragazzo. Nella piazzetta i **discendenti** del famoso scrittore Guareschi (i) hanno aperto una trattoria, che è specializzata in piatti tipici della zona. Ho chiesto loro se hanno visto qualcosa di strano negli ultimi tempi…" spiega il commissario Amicotti.

Giovanni Guareschi ist ein italienischer Schriftsteller (1908-1968), der besonders durch seine unterhaltsamen Geschichten von „Don Camillo und Peppone" bekannt geworden ist.

"E…?" chiedono insieme Augusto e Rosetta.

"Hanno parlato con un uomo che **assomigliava** tantissimo a Giuseppe Verdi. Hanno detto che gli è sembrato molto strano. È venuto qui e ha chiesto loro tante informazioni su di lui. Era curioso di sapere tutto su Verdi. Indossava un cappello proprio come lui, come si vede in molte sue fotografie, ma hanno detto che la barba era **finta**, che sembrava **truccato**.

pancia *f*	Bauch
discendente *m/f*	Nachfahre
assomigliare	ähneln
finto	falsch, künstlich
truccato	geschminkt

Quindi non potevano davvero dire chi era. Ma un particolare l'hanno notato: dalla parrucca usciva un ciuffo di capelli rossi."

"Non male, commissario!" si lascia scappare Augusto, molto sorpreso.

"Ricordate che non è mai vero quello che scrivono i giornali. È vero che il gatto mi è scappato e che mi ha fatto cadere. Ma vi assicuro che quel gatto era una piccola 'tigre'. Non ho mai visto una bestia simile!"

Rosetta scoppia a ridere.

"Per favore, commissario! E cosa poteva essere? Il gattino della Signora Cavalcetti: è una vecchietta tanto carina e quando la vado a trovare per prendere un tè insieme il gatto mi si siede sempre in braccio. È buonissimo!" dice Rosetta a difesa del gatto.

ciuffo *m*	Haarsträhne
assicurare	versichern
scoppiare	platzen
difesa *f*	Verteidigung
recuperare	zurückholen, wiedererlangen
rendersi conto	sich bewusst werden
tagliar(e) corto	(es) kurz machen
avviarsi	sich begeben
Pianura Padana *f*	Po-Ebene

"Sarà un angelo con te, cara Rosetta. Ma ti assicuro che quel giorno pareva cattivo. Non voleva scendere dall'albero e la sua padrona urlava così forte che sono stato costretto a salire sull'albero per cercare di recuperarlo..."

Il commissario Amicotti si rende conto che Rosetta e Augusto non gli credono, perché ridono mentre lui racconta.

"Ok, ragazzi. Occupiamoci di Ronaldo adesso," propone tagliando corto.

Rosetta mette allora in moto e si avviano in silenzio verso Busseto, dove Verdi è vissuto a Palazzo Orlandi.

È un paese tranquillo, a circa 40 chilometri di distanza da Parma, tipico della Pianura Padana, in piena campagna, con aria buona e casette in mezzo ai campi.

Sotto i portici del piccolo centro si trova un "museo-bottega" che espone ancora lo spartito originale de "La traviata".
I tre lo raggiungono per parlare con il proprietario.
"Non passa molta gente, anche se quest'anno, per l'anniversario di Verdi, i turisti sono più numerosi, quasi tutti italiani, però. Pochi stranieri..." ammette lui in un primo momento.
"E non ricorda proprio nulla di particolare? Un personaggio strano che è passato di qui?"
Il proprietario riflette per un momento.
"In realtà ricordo qualcuno che è abbastanza famoso. Si trattava di quel tenore che hanno assassinato qualche giorno fa... Non ricordo bene il suo nome... Anche se era molto conosciuto. Non come Pavarotti, ma poteva forse diventare il nuovo Pavarotti," aggiunge poi.

portico *m*	Bogengang
esporre	ausstellen
spartito *m*	Partitur
proprietario *m*	Eigentümer, Besitzer
prosperoso	üppig, blühend

"Si chiamava Ronaldo Buzzanti," dice Rosetta, adesso davvero con molta tristezza nella voce.
"Ricordo anche che non era solo, ma con una donna molto bella. Dai lunghi capelli neri, alta e molto prosperosa, con grandi forme. Lei sembrava un po' quell'attrice che mi piace tanto: Monica Bellucci (i)."
"Una donna?" chiede Rosetta, adesso con un certo dispiacere nella voce.

Monica Bellucci (*30.9.1964) ist eine bekannte italienische Schauspielerin, die mit dem Film „Lügen der Liebe" internationalen Ruhm erworben hat. Die hübsche Darstellerin gilt als italienisches Sex-Symbol.

Augusto lo nota e, come d'istinto, le prende la mano.
"Una bellissima donna, come ho detto. E vi assicuro che sembravano molto vicini."

"Erano amanti per Lei?" insiste ora il commissario Amicotti.
"Ho notato lui che le stringeva la vita con una mano e lei che si avvicinava a lui in maniera molto confidenziale... Sicuramente non erano solo amici. Piuttosto volete del salame, del culatello o un pezzo di formaggio o del vino? Sapete che Verdi era un cliente fisso qui?" domanda il proprietario, cercando di essere gentile.
Ma Rosetta è molto silenziosa.
Escono dal negozio e raggiungono la piazza principale, dove ogni anno a giugno ha luogo il Concorso Internazionale per Voci Verdiane.

Esercizio 8: Preposizioni. Ergänzen Sie die Sätze mit den passenden Präpositionen, wo nötig mit Artikel!

1. Rosetta è irritata ______________ sua stessa indecisione.
2. Augusto propone ______________ Rosetta ______________ dargli la mano.
3. Rosetta e Augusto hanno una cattiva opinione ______________ commissario.
4. La donna si è avvicinata ______________ uomo ______________ maniera confidenziale.
5. Volete ______________ panini, un pezzo ______________ formaggio o ______________ vino?

"Tutto bene, Rosetta?" chiede Augusto, dentro di sé abbastanza contento, perché Ronaldo aveva un'altra donna.
Almeno spera che così Rosetta non continui a considerare Ronaldo una specie di "grande uomo", visto che lui ha sempre saputo che era un **donnaiolo**.
Sa che probabilmente c'è stato qualcosa tra Ronaldo e Rosetta, ma a lui non importa, perché è molto innamorato di lei.
Ma gli piacerebbe sapere la verità, sentirla da lei, un giorno.
"Sai che si dice che Verdi decise di andare a vivere a Sant'Agata solo per fare dispetto ai **bussetani** che lo giudicavano un concubino, perché viveva con il soprano Giuseppina Strepponi senza essere sposato? Adesso Villa Verdi, a Sant'Agata, è romantica come allora. Mi piacerebbe portarti, Rosetta. Bisogna andare per una piccola strada di campagna per arrivarci e nei bellissimi interni si trovano abiti, fotografie, libri, lettere, autografi e altri oggetti del grande maestro. È stata anche ricostruita la stanza di Milano nella quale Verdi morì," racconta Augusto e cerca in questo modo di **rasserenare** Rosetta.

vita *f*	Taille; Leben
confidenziale	vertraut
culatello *m*	bekannter Schinken aus Zibello (Ort in der Nähe von Parma)
donnaiolo *m*	Frauenheld
bussetano/a *m/f*	Einwohner(in) von Busseto
rasserenare	aufheitern
tomba *f*	Grab

"Sai, Rosetta, passeggiando per il grande parco si vede una grotta, molto simile alla **tomba** di Radames nell'Aida, e sembra ancora di vedere Verdi camminare nella nebbia e nel profumo della sua terra, in cerca dell'ispirazione," continua Augusto.
Rosetta l'osserva con dolcezza, ma adesso i suoi occhi sono pieni di lacrime.
"Rosetta, lo sai che ti amo tantissimo. Sei il mio grande amore!" le dice Augusto.

Esercizio 9: Correggere gli errori. **Lesen Sie weiter, finden Sie die sechs Fehler im folgenden Absatz und korrigieren Sie sie!**

Rosetta, presa dall'emozioni, si stringe a lei, piangendo. "Rosetta e Ronaldo erano molto amiche," racconta Augusto alla commissario Amicotti, con la voce triste. "Non importa. Capisco, non c'è bisogno di spiegazioni, Augusto," dice il commisario **abbassando** l'occhio al suolo.

1. ______________________
2. ______________________
3. ______________________
4. ______________________
5. ______________________
6. ______________________

"Dobbiamo andare a Sant'Agata?" domanda poi Augusto. "Non credo. Abbiamo un possibile **movente** e abbiamo abbastanza informazioni per cominciare subito una ricerca," conclude il commissario Amicotti, deciso a ritornare a questo punto al più presto a Parma.

abbassare	senken
movente *m*	Motiv

4 Ci sono commissari e commissari

"È da ben tre giorni che non lo sentiamo. Secondo me bisogna fare qualcosa!" insiste Rosetta, guardando con decisione Augusto.
"Forse non ha ancora trovato nulla, non pensi?" risponde lui.
"Per favore, smettila di prendermi in giro. Sai anche tu che è pigro o chi lo sa che cosa ha fatto!" urla adesso lei.
Augusto la osserva e cerca di calmarla.
"Aveva detto che avrebbe cercato di scoprire quanti uomini coi capelli rossi vivono a Parma e da lì avrebbe poi chiesto chi di loro ha una moglie come quella descritta dal proprietario del negozio..."
"Ma non l'abbiamo più sentito! Non ha fatto assolutamente nulla!" grida Rosetta adesso.
Augusto si siede sul divano del soggiorno di lei, che ha un appartamento nel centro di Parma, proprio vicino al Teatro Regio.
Guarda fuori dalla finestra, che ha la vista sul teatro e poi le dice cosa pensa.
"Va bene, Rosetta. Forse hai ragione. Se vuoi possiamo provare a chiedere noi, se qualcuno conosce un sospetto, ma non saprei dove cominciare..." confessa Augusto con aria molto stanca ancora prima di cominciare.

prendere in giro	auf den Arm nehmen
pigro	faul
descritto	beschrieben
sospetto *m*	Verdächtiger

"Forse ho un'idea, andiamo dal giornalaio vicino al Duomo..." propone Rosetta.
"In fondo anche gli assassini comprano i giornali. Ho sentito dire da un personaggio della serie televisiva 'Don Matteo' con Terence Hill, che seguo sempre, che nessuno è più informato di un giornalaio! In effetti è vero! Perché non cominciamo da lui allora?" aggiunge lei.
Si asciuga le lacrime che le sono scese dagli occhi mentre urlava molto arrabbiata.
Sembra essersi calmata e ora è pronta per entrare in azione.

semaforo *m*	Verkehrsampel
sollievo *m*	Erleichterung
schiarire	aufhellen
sopracciglio *m*	Augenbraue
soap opera *f*	Seifenoper
mossa *f*	Handlung, Bewegung
quotidiano *m*	Tageszeitung

"Va bene, vuoi sempre guidare tu sulla tua Cinquecento?" chiede Augusto abbastanza preoccupato, perché giorni fa ha rischiato un incidente con lei vicino a casa sua, che non si è fermata a un **semaforo** rosso.
"Possiamo anche andare a piedi, non è troppo distante da qui!" insiste lei.
"Benissimo," le risponde Augusto, non potendo nascondere un certo **sollievo**.
Rosetta lo prende per mano e lo porta giù per la scala e poi fuori in strada.
Mentre camminano fianco a fianco lui l'osserva.
Sa che in un futuro saranno molto felici insieme.
Nota il sole che le **schiarisce** ancora di più i capelli, i suoi occhi verdi con le lunghe **sopracciglia** castane, il suo nasino, leggermente all'insù.
Pensa tra sé che Rosetta mai è stata così bella.
"Magari puoi chiedere tu al giornalaio tanto per cominciare," dice ad Augusto, mentre lo fa fermare a una certa distanza.

"Ma non eri tu che sapevi esattamente quello che dovevamo domandare? Non sei tu l'esperta di soap opera e telefilm polizieschi? Mi ricordo che hai fatto perfino la 'maratona TV' di 'Law & Order'! Sicuramente sei più informata tu di me!" cerca di precisare Augusto, che non ha nessuna voglia di chiedere al giornalaio.
E, in fondo, nemmeno di trovare davvero l'assassino di Ronaldo.
È convinto che per questo ci sia il commissario Amicotti. Se lui non sta facendo il suo lavoro, non è certo colpa sua.

Esercizio 10: Futuro. Setzen Sie die passenden Futurformen ein!

1. Augusto e Rosetta stare ________________ per sempre insieme.
2. andare ________________ tutto bene, se Augusto fa quello che vuole Rosetta.
3. Rosetta aprire ________________ la porta per uscire.
4. Augusto essere ________________ per sempre innamorato di Rosetta.

Ma Rosetta sembra pensarla in tutt'altro modo.
Lascia allora lei seduta su una panchina a pochi metri, che lo controlla da lontano. Poi si avvicina deciso al giornalaio, non sapendo bene come cominciare.
Alla fine Rosetta, che non perde una sua mossa, lo vede comprare tre riviste di turismo, un quotidiano e perfino una rivista maschile, che il giornalaio stesso gli propone.

Augusto pare parlargli, ma non essere in grado di chiedergli le informazioni di cui loro hanno davvero bisogno.

Alla fine decide allora di intervenire lei. Si alza dalla panchina e si avvicina, mentre Augusto le è venuto incontro e sta cercando di fermarla, per discutere.

Ma lei non vuole sentire scuse.

"Scusi per il disturbo..." comincia con un atteggiamento deciso rivolgendosi direttamente al giornalaio e non considerando Augusto che sta cercando di fermarla.

intervenire	eingreifen, sich einmischen
atteggiamento *m*	Haltung
fiato *m*	Atem(zug)
permettersi	sich erlauben
sconvolto	bestürzt
sincero	ehrlich, aufrichtig

"Conosce per caso qualcuno coi capelli rossi, un uomo abbastanza alto e corpulento?" domanda in un fiato.

Il giornalaio la guarda e ride.

"Signorina, cosa ha in mente? Lei e il suo fidanzato volete per caso una rivista pornografica e non avete il coraggio di chiedere? In caso, sono dietro l'edicola nell'angolo a sinistra. Non preoccupatevi: non siete i primi e nemmeno gli ultimi che usano le scuse più strane per arrivare poi a dirmi che vogliono comprare qualcosa del genere. Non dovete essere imbarazzati, ci sono sempre più coppie che lo fanno!" dice il giornalaio deciso e sicuro di sapere cosa desiderano queste due persone.

"Ma come si permette!" urla Rosetta guardando sconvolta Augusto.

"Era quello che stavo cercando di spiegarti, amore... Ma non mi hai fatto parlare!" cerca di scusarsi lui.

"Sto cercando di sapere se ci sono uomini coi capelli rossi in città. E sono molto seria. Se non mi risponde chiamo la polizia!" dice Rosetta, abbastanza confusa.

"La polizia? Il commissario Amicotti? Ma se è il mio più grande cliente! Lui davvero è uno specialista di riviste pornografiche! Anzi,

magari dovreste chiedere a lui per farvi dare un consiglio!" continua il giornalaio, ancora più sicuro di sé.
Rosetta scoppia improvvisamente a piangere.
"Si tratta di un amico. Ronaldo, il tenore che è stato assassinato. Era un mio, anzi un nostro caro amico, e stiamo cercando di scoprire chi è il suo assassino!" confessa lei adesso spontaneamente.

Esercizio 11: Passivo. **Formulieren Sie die Sätze im Passiv!**

1. Qualcuno ha assassinato il tenore.

   ______________________________.

2. Il giornalaio vende le riviste.

   ______________________________.

3. Il commissario ha chiamato Rosetta.

   ______________________________.

4. Augusto ha aiutato Rosetta.

   ______________________________..

Il giornalaio diventa allora molto serio.
"Mi dispiace, signorina. Accetti le mie scuse più **sincere**. Ronaldo era uno dei miei migliori clienti e non ha mai comprato una rivista di questo genere. Lo ammiravo molto anche come artista. E, sa, ci sono commissari e commissari. Di sicuro il commissario Amicotti non è quello che pensa Lei, ma è stato qui da me a farmi la stessa domanda. Gli ho risposto che in città ci sono almeno una ventina di uomini che conosco coi capelli rossi. Non sono tanti, ma nem-

meno troppo pochi per una città come Parma. E li vedo, perché sono miei clienti, ma nella maggior parte dei casi non so dove abitano o chi sono. E allora lui mi ha chiesto se conoscevo qualcuno che aveva una moglie bella, anzi molto bella. E me l'ha descritta. Una donna davvero particolare. E, ancora di più, se era qualcuno che avevo visto anche con Ronaldo..."

Rosetta smette di singhiozzare e osserva adesso il giornalaio con immensa curiosità.

singhiozzare	schluchzen
oscurato	abgedunkelt
appariscente	auffallend, auffällig
mancamento *m*	Ohnmacht
sostenere	stützen
dirigersi	sich wenden

Augusto intanto le ha preso la mano e la sta stringendo a sé con l'altro braccio intorno alle spalle.

"È Romilda, la moglie del macellaio. Lei e Ronaldo avevano una relazione, si incontravano in un albergo poco distante dal Teatro Regio e spesso lui si fermava presso di me al ritorno dai loro incontri. Vedevo lei nella macchina di lui, perché nonostante la sua Mercedes avesse i vetri oscurati lei è veramente appariscente per non essere notata," finisce di raccontare il giornalaio.

Augusto sente che Rosetta ha quasi un mancamento e la sostiene ancora di più.

"Andiamo, dobbiamo andare," dice poi lei decisa fissando Augusto.

Poi, con la stessa euforia che l'ha portata fino a lì, si dirige veloce, quasi correndo, verso il negozio del macellaio, che si trova su un lato in fondo a una strada, tra diverse boutique di moda.

È un uomo grande e grosso, coi capelli rossi, gli occhi neri e sopracciglia scure.

Substantive, die mit einem **Konsonanten** enden, sind nicht italienischer Herkunft und bleiben im Plural unverändert:

il film	**i film**
il party	**i party**
il computer	**i computer**
il raptus	**i raptus**
il bar	**i bar**

Rosetta lo osserva da lontano. Poi, come presa da un **raptus**, si mette a correre verso di lui.
Lui la **distingue** da dietro la vetrina e per un attimo i due si osservano.
Poi lei, molto lentamente, entra nel suo negozio, seguita da Augusto.
Per un attimo i due si fissano con Augusto dietro pronto a intervenire e a **proteggere** Rosetta. Il macellaio **impugna** un coltello, non con atteggiamento aggressivo, ma più per cercare di proteggersi. Sembra che si aspetti un attacco da parte di lei.

raptus *m*	Wutanfall
distinguere	wahrnehmen, unterscheiden
proteggere	beschützen
impugnare	in der Faust halten
addosso	*hier*: auf ihn
sudato	verschwitzt
ammazzare	umbringen

"Perché?" gli dice lei con voce incredibilmente fredda.
Passano alcuni minuti di silenzio, ma poi l'uomo decide di parlare.
"Potrei risponderle, signorina, perché Ronaldo andava a letto con mia moglie. Credo che questa sia una buona ragione..." dice lui.
Allora Rosetta cerca come una furia di saltargli **addosso** al di là del bancone.
Augusto da dietro la ferma.
In quell'istante entra anche il commissario Amicotti, **sudato** e senza fiato, nel negozio.
"Rosetta, Rosetta... Ma cosa stai facendo? Ho già indagato! Non è stato lui!" le dice il commissario cercando di trattenerla.
Augusto pare molto preoccupato per lei, cerca di fare qualsiasi cosa per calmarla.
"Per favore, Rosetta, torna in te. Lasciali parlare!" le dice.
"Avrei voluto **ammazzarlo**, non lo nego. Lo odiavo, perché mi ero reso conto che mia moglie si era davvero innamorata di lui. Non era solo un'avventura con lui. Ma purtroppo, signorina Rosetta, perché

so chi è Lei e l'ammiro molto come artista, essendo anch'io un grande appassionato di opera lirica… non sono stato io. Glielo giuro!" ammette lui con tono deciso.
"E dov'era allora quella sera?" lo interroga lei, ancora poco convinta.
"Ero con mia moglie, tutta la sera. Abbiamo guardato uno spettacolo, lo Show TV del Meravigliardo, e Le possiamo raccontare tutti i particolari. **Abbiamo** anche **litigato**, perché Ronaldo le aveva riservato un palco per andarlo a vedere la sera della prima, ma io l'ho costretta a scegliere. E lei, alla fine, ha scelto me, perché sapeva che, in fondo, lei era per lui una delle tante donne che aveva. Le ho detto che se andava via, non poteva più tornare. E lei, alla fine, è rimasta con me," dice lui.

litigare	streiten
perquisire	durchsuchen
ingannare	täuschen, betrügen

"E voi gli credete? Il suo alibi è la moglie? Ha guardato se ha una pistola? **Ha perquisito** la macelleria e casa sua?" chiede Rosetta al commissario, tremando nervosamente.
"Non c'è bisogno, Rosetta. Non è stato lui," conferma il commissario Amicotti.
"Su, vieni, andiamo a casa tua, Rosetta. Hai bisogno di riposare e di dormire un po'," cerca di convincerla Augusto.
"Posso chiederLe un'ultima cosa?" insiste ancora lei poco convinta della spiegazione del macellaio.
"Era Lei travestito da Giuseppe Verdi che ha chiesto informazioni all'osteria del suo luogo natale?"
"Ero io, volevo scoprirli, perché sapevo che lui la portava spesso in campagna oltre che in città per i loro incontri amorosi. E volevo sorprenderli così, travestito da Giuseppe Verdi. So che può sembrare stupido, ma pensavo in questo modo di farli sentire ancora più ridicoli coi loro atteggiamenti infantili. Non volevano

farsi scoprire, quando quasi tutti a Parma sapevano che loro avevano una relazione. Erano solo loro a credere di essere in segreto! E sono stato io, anche, a mandare i fiori a Ronaldo alla fine dello spettacolo. Un mazzo di rose rosse, le stesse che lui amava regalare a mia moglie. Lei diceva che se le comprava da sola, come se io fossi stupido! Ma chi voleva ingannare? Avrei voluto ammazzarlo e forse l'avrei fatto a un certo punto, ma… non sono stato io."

Esercizio 12: Congiuntivo presente. Setzen Sie die passenden Konjunktivformen ein!

1. Augusto non sa che cosa volere ________________ Rosetta.
2. Rosetta teme che il macellaio mentire ________________.
3. È strano che il suo atteggiamento non lasciare ________________ alcun dubbio.
4. Il commissario crede che il macellaio dire ________________ la verità.
5. Augusto pensa che Rosetta dovere ________________ dormire un po'.

"Non Le credo, non Le credo!" grida Rosetta furiosa.
Augusto e il commissario Amicotti l'accompagnano fuori.
"Troverò il suo assassino, te lo prometto, Rosetta," le dice il commissario Amicotti.

"So cosa pensi di me e anche che non sono il migliore poliziotto, ma questa è una promessa," aggiunge poi.

Lei fissa Augusto con occhi molto stanchi.

"Portami a casa, non ce la faccio [i] più a essere vicino a quell'uomo. So che è stato lui," dice lei sicura, abbracciandolo.

"Lo so. Anch'io lo penso. Ma non abbiamo prove," ammette anche lui, stanco.

"Portami a casa, amore mio. Meno male che ci sei almeno tu nella mia vita," gli dice Rosetta.

Das Wort **farcela** besteht aus dem Pronominalteil **ce la** und dem Verb **fare**, das ganz normal konjugiert wird: z.B. **Ce la fai? Sì, ce la faccio.** Wenn es mit einem Verb im Infinitiv verbunden ist, wird die Präposition **a** dazwischen geschoben: z.B. **Ce la fai a venire stasera?**

promessa *f*	Versprechen
ϟ farcela	es schaffen

5 Un mistero senza fine

È mezzogiorno di una domenica di sole a Parma. È passato almeno un mese da quando Ronaldo è stato ucciso.

Rosetta sta leggendo una biografia di Giuseppe Verdi seduta su una sedia a sdraio sul balcone.

Ha deciso di farlo in memoria di Ronaldo, dopo che lui le aveva raccontato tante cose sul compositore.

Non ha smesso di cercare il suo assassino, cercando di accumulare diverse prove contro il macellaio.

Ma in fondo non ha trovato nulla di concreto, anche se non dimenticherà mai.

sedia *f* a sdraio	Liegestuhl
accumulare	sammeln, anhäufen
trascorrere	verbringen
agnolotto *m*	halbrunde, gefüllte Nudelteigtaschen
brodo *m*	Brühe
ripieno *m*	Füllung

Sta trascorrendo un periodo felice con Augusto e, in un certo senso, ha anche bisogno di dimenticare.

Non vivono ancora insieme, ma Augusto è quasi sempre nel suo appartamento.

Augusto è in cucina e sta finendo di preparare alcuni agnolotti in brodo, che dice di aver fatto con le sue stesse mani: dalla pasta al ripieno.

Suonano alla porta. È Rosetta che va ad aprire e rimane molto sorpresa di vedere il commissario Amicotti.

Esercizio 13: L'intruso. Welches Wort ist das „schwarze Schaf" und passt nicht in die Reihe? Unterstreichen Sie!

1. paura falsità timore spavento
2. sicuro bello meraviglioso stupendo
3. parlare conversare discutere dimenticare
4. arrestato indifeso catturato preso

Augusto viene invece colto dal nervosismo.
Rosetta l'osserva, mentre lo vede impallidire.
"Commissario Amicotti! Che bella sorpresa! Ma perché non ha telefonato per dirci che veniva a pranzo, anche se sono sicura che abbiamo un piatto di tortellini anche per Lei... Non è vero, Augusto?"
"Non lo so, Rosetta. Il commissario è sempre molto impegnato, magari non vuole fermarsi con noi a mangiare e a perdere tempo," dice Augusto insicuro.
Quel giorno aveva in realtà pensato di proporre a Rosetta di sposarlo e aveva nascosto un messaggio con un anello su un grissino, avvolgendolo nel prosciutto di Parma[i].

Parma ist bekannt für sein gutes Essen. Nicht nur der Parmaschinken ist nach der Stadt benannt, sondern auch der Parmesankäse. Die Stadt ist ein bedeutendes Zentrum der italienischen Lebensmittelindustrie.

"Sa, commissario, oggi pensavo di preparare qualcosa di molto speciale... Non può tornare un altro giorno?" gli domanda Augusto ansioso.
"Purtroppo no, caro Augusto, sono venuto qui per la promessa che avevo fatto a Rosetta. Piuttosto Lei dov'era la sera della prima?" gli domanda il commissario all'improvviso.

"Perché me lo chiede? Mi hanno visto tutti... Ero seduto in seconda fila per vedere meglio Rosetta," risponde subito Augusto.
Rosetta lo guarda molto confusa.
Ma poi nel suo viso pare che **si risolva** un dubbio.
Si avvicina a lui e osserva Augusto direttamente negli occhi.
Quelli di Rosetta adesso sono freddi, senza alcuna lacrima, desiderosi di scoprire la verità.
"A volte ho ripensato a te, quella sera. E mi sono ricordata che non eri seduto al tuo posto quando Ronaldo è stato ucciso. Ma poi ho voluto **rimuovere** questo pensiero, perché sei così dolce con me che non potevo davvero credere... Non potevo credere che eri stato tu..." ammette Rosetta con la voce molto calma adesso.

cogliere	ergreifen
impallidire	erblassen
impegnato	beschäftigt
sposare	heiraten
anello *m*	Ring
avvolgere	einwickeln, umhüllen
ansioso	ungeduldig; ängstlich
risolversi	sich (auf)lösen
rimuovere	verdrängen

Esercizio 14: Participio passato. Wie lautet das Partizip Perfekt der folgenden Verben?

1. uccidere ______________________
2. trascorrere ______________________
3. promettere ______________________
4. distinguere ______________________
5. vivere ______________________

Ma al tempo stesso ha bisogno di sedersi per continuare a parlare. "Se mi ami mi devi dire la verità," dice ora determinata.

determinato	entschlossen
disperato	verzweifelt
dichiarare qu. in arresto	jmd. für verhaftet erklären
testimone *f/m*	Zeuge
tribunale *m*	Gericht
arma *f*	Waffe
denunciare	anzeigen
scientifica *f*	Erkennungsdienst *f*
rilevare le impronte *f pl*	Spuren sichern
smorfia *f*	Grimasse
punizione *f*	Strafe

"La verità è che non posso vivere senza di te e che non potevo permettermi di perderti," risponde lui ora disperato, con gli occhi che gli si riempiono di lacrime.

"Augusto, ti devo dichiarare in arresto. Ho aspettato così a lungo perché ho voluto verificare tutti i fatti. Prima volevo essere totalmente sicuro. Ma ho dei testimoni che dicono di non averti visto seduto al tuo posto, proprio quando Ronaldo è morto. Nessuno ti ha visto sparare e forse questo ti aiuterà in tribunale a difenderti. Perché se non troviamo l'arma del delitto e nessuno finora ti ha visto sparare, sarà molto difficile per l'accusa provare che sei stato tu. Al tempo stesso so che tu hai denunciato di essere in possesso di una pistola, che hai comprato qualche anno fa. E poi, per il mio istinto da detective, per poco che possa essere, so che sei stato tu. In ogni caso arriverà la scientifica per rilevare le impronte... forse troviamo la pistola con cui hai sparato."

Il commissario smette di parlare e nella stanza ci sono alcuni momenti di assoluto silenzio.

"Probabilmente hai sparato dal fondo della sala. So che sei stato tu," conclude il commissario.

"Anch'io, adesso," aggiunge Rosetta, fissandolo con occhi molto tristi.

Augusto non risponde, ma fissa il suolo con gli occhi bassi.

Li rialza poi e li rivolge a Rosetta.

"Adesso che pensate di avere scoperto l'assassino di Ronaldo e che il mistero per voi è stato risolto, me lo vuoi dire, allora, Rosetta? C'è stato o no qualcosa tra te e Ronaldo?"

Esercizio 15: Contrari. Welche Gegenteile gehören zusammen? Ordnen Sie zu!

1. ☐ abbassare	a) salvare
2. ☐ uccidere	b) tacere
3. ☐ alzarsi	c) negare
4. ☐ parlare	d) sedersi
5. ☐ ammettere	e) divorziare
6. ☐ sposarsi	f) alzare

Rosetta abbassa gli occhi.
Poi fa una **smorfia**, quasi ancora sotto shock, guardando Augusto direttamente negli occhi azzurrissimi.
Questo a lui fa pensare che finalmente Rosetta gli dirà la verità. Finalmente, dopo quasi un anno di sospetti da quando si sono conosciuti.
E, infatti, lei parla.
"Caro Augusto, a volte nella vita è meglio non sapere tutto fino in fondo. Del resto la vita stessa è un mistero senza fine. E penso che la tua vera **punizione** sarà vivere nel dubbio."

L'ultimo regalo

Alessandra Felici Puccetti

1 Il settantacinquesimo compleanno

Teresa Terenzi attraversa lentamente il soggiorno con aria soddisfatta. È tutto pronto: il tavolo con la tovaglia rosa e le posate d'argento, i bicchieri di cristallo, i fiori...
Davanti al buffet l'anziana signora si ferma.
"Adele, Adele!" chiama. "Hai dimenticato i pasticcini!"
Poi, appena un poco più piano, continua: "Ma dove ha la testa quella? Se non controllo tutto io..."
Adele arriva dalla cucina con un grande piatto.
"Ecco i pasticcini," dice con calma. "Li avevo messi in frigorifero per la crema."
La donna lavora a casa Terenzi da quasi quattro anni e sa che la signora si arrabbia facilmente. Oggi poi è normale che sia un po' nervosa. È il suo settantacinquesimo compleanno e vuole che tutto sia perfetto.

compleanno *m*	Geburtstag
argento *m*	Silber
anziano	alt
pasticcino *m*	Kleingebäck
arrabbiarsi	wütend werden, sich ärgern
rinunciare	verzichten

La signora Terenzi ormai ha problemi di salute e cammina con difficoltà. Alla sua festa di compleanno, però, non rinuncia. È una delle poche occasioni per vedere gente.
Il marito della signora, infatti, è morto e lei passa intere giornate da sola. Le sue amiche, più o meno della stessa età, escono poco. Ogni

tanto va da lei la figlia Violetta, ma non rimane mai a lungo. Un po' perché ha molto da fare e un po' perché con la madre non va d'accordo. Le due sono come il giorno e la notte.

Violetta è un tipo pratico, sempre in pantaloni e scarpe basse. Insegna matematica e non si interessa né di musica né di teatro. La madre porta abiti eleganti anche quando è sola in casa e non si è mai persa una prima della stagione lirica al teatro Verdi di Pisa. Teresa Terenzi ama moltissimo la musica. Da giovane ha avuto una breve carriera come cantante d'opera e ancora si sente una prima donna. Anche il suo appartamento è molto scenografico: mobili antichi, grandi specchi, tappeti, quadri, tanti ninnoli.

prima *f*	Premiere, Erstaufführung
quadro *m*	Gemälde
ninnolo *m*	Nippfigur
avere l'aria	aussehen
improvvisamente	plötzlich

Esercizio 1: Plurale. **Bilden Sie die richtige Pluralform!**

1. la breve carriera ______________________
2. la cantante lirica ______________________
3. l'appartamento scenografico ______________________
4. il mobile antico ______________________

Adele guarda l'orologio.
"Allora, signora, io vado. A domani e buon divertimento!"
La Terenzi ha l'aria improvvisamente insicura.
"Come, mi lasci sola? E se Violetta arriva in ritardo? Non puoi aspettare? Lo sai che non mi muovo bene."

Adele sa che qualche volta l'anziana signora fa i capricci come una bambina.
Così risponde ferma: "Va bene, ma solo un quarto d'ora. All'ospedale sono molto precisi con gli orari di visita e la mamma mi aspetta. Sua figlia sarà qui a minuti."

Per fortuna insieme ai primi invitati arriva anche Violetta con la famiglia. Oltre al marito Fausto ci sono il figlio e la fidanzata, una bella ragazza bionda, molto giovane e visibilmente incinta.
L'anziana Terenzi – Titti per gli amici – fa un gran sorriso e va incontro ai parenti. O meglio: al nipote.
"Mauro, caro, hai portato anche Luisa. Finalmente la conosco! Venite ragazzi, venite..."
Insieme ai fidanzati la signora torna nel soggiorno. Alla figlia e al marito ha dato soltanto un abbraccio veloce. Adele l'ha già dimenticata.

fare i capricci	bockig sein
invitato/a *m/f*	Gast
fidanzata *f*	Verlobte
incinta	schwanger
nipote *m/f*	*hier*: Enkel
abbraccio *m*	Umarmung
palcoscenico *m*	Bühne
pensione *f*	Rente
espressamente	ausdrücklich
abbracciare	umarmen

Esercizio 2: Preposizioni. Lesen Sie weiter und ergänzen Sie die passenden Präpositionen!

su alla per in nel di

1. ______ festa la signora parla e si muove
2. ______ grande appartamento come

3. ______ un **palcoscenico**. Con tanta gente intorno ritrova il carisma di un tempo. Per anni le sue feste erano le sole **4.** ______ città in cui non c'era aria **5.** ______ provincia. Gli amici se le ricordano bene e, almeno **6.** ______ un pomeriggio, si sentono molto più giovani. Nessuno parla di salute, della **pensione**, dei figli lontani che non telefonano mai.

Anche per Luisa la nonna del fidanzato è un tipo interessante.
"Dai tuoi racconti mi ero fatta un'idea diversa," dice a Mauro quando sono soli in cucina. "Teresa è un po' teatrale, ma, forse proprio per questo, è simpatica. E poi non è vero che la famiglia non la interessa. Ci ha fatto tante domande, anche sul bambino."
Mauro è poco convinto.
"Davvero, Luisa, questo interesse per me è nuovo. Mia nonna non era una di quelle che portano al parco il nipotino e gli comprano il gelato. Da piccolo l'ho vista poco. Oggi però mi ha **espressamente** voluto al suo compleanno. Meglio così: se si ricorda finalmente che esisto, non dirà di no quando le chiederò un aiuto. I bambini costano e noi siamo ancora all'università. Ne passerà di tempo prima che cominciamo a lavorare! La nonna invece ha tanti soldi. Dobbiamo solo farle capire che cosa ci aspettiamo da lei. In modo non troppo diretto, naturalmente..."
Mauro sorride alla fidanzata e l'**abbraccia**.
"Vedrai, ce la faremo anche in tre," le dice dolcemente.
L'unica che si diverte poco alla festa di Titti è la figlia Violetta.

Preferisce le passeggiate nel Parco di San Rossore alle feste. Inoltre, fin da bambina, ha avuto difficoltà con quella madre più interessata agli amici e al divertimento che a lei.
Anche il nome che Teresa le ha dato, da un'opera di Verdi, le è sempre sembrato troppo romantico.
Violetta è contenta di essere andata presto ad abitare in un'altra città. Anche se ha una vita propria, però, si sente **responsabile** per la madre. Vorrebbe che l'anziana signora l'ascoltasse di più. Invece Teresa a settantacinque anni continua a fare di testa sua. Al massimo si lascia aiutare in casa quando, come oggi, non può **fare altrimenti**. Sulle questioni importanti, come le **cure** mediche o i soldi, decide sempre da sola.
Riguardo ai soldi, **oltretutto**, Teresa non è mai stata **generosa** con la figlia. Ha avuto una bella **eredità** dal marito e ci fa quello che vuole.
"I soldi sono miei," ripete spesso, "scelgo io quando e come spenderli."

responsabile	verantwortlich
fare altrimenti	*hier*: nicht umhinkommen
cura *f*	Behandlung
riguardare	betreffen
oltretutto	außerdem
generoso	großzügig
eredità *f*	Erbschaft
zoppicare	hinken
ammettere	zugeben
eccitato	überdreht, aufgeregt

Verso le otto la festa di compleanno finisce.
La signora Terenzi saluta l'ultima amica e chiude la porta dell'appartamento.
Davanti al grande specchio dell'ingresso si fa un sorriso.
"Anche quest'anno è andata," si dice ad alta voce.
Poi, **zoppicando** un po', va a bersi un ultimo bicchierino.
Anche se non le piace l'idea, deve **ammettere** che le feste alla sua età stancano. Le farebbe bene un bel sonno, ma è troppo **eccitata** per dormire. E poi è ancora presto…

Esercizio 3: Possessivi. Ergänzen Sie die richtigen Possessivpronomen!

1. Teresa saluta i ______________ amici.
2. Poi chiude la porta del ______________ appartamento.
3. Purtroppo alla ______________ età le feste stancano.
4. Le ______________ gambe non sono più quelle di una volta.

Così decide di fare un bagno rilassante.

Il mattino dopo, come tutti i lunedì, il fisioterapista suona al campanello di casa Terenzi.

Si è ricordato del compleanno della signora e ha una rosa in mano. Quando nessuno apre, non **si stupisce** troppo. Forse la paziente la sera prima ha fatto tardi e non ha sentito la sveglia. Poi però, dopo diversi **squilli**, l'uomo comincia a preoccuparsi. E se invece la Terenzi si è sentita male?

stupirsi	sich wundern
squillo *m*	Klingeln
domestica *f*	Hausangestellte

Il fisioterapista non ha il numero di telefono della figlia, ma sa che il medico della signora è il dottor Antonio Fiorini, un internista piuttosto conosciuto in città. Deve chiamare lui o direttamente la polizia o l'ambulanza? O forse la **domestica**? Adele abita lì vicino, ma il fisioterapista non ne conosce né il cognome né l'indirizzo preciso. L'uomo si guarda intorno nervoso e indeciso.

Fiorini, che sta attraversando la strada, gli sembra mandato dal cielo. I due si sono visti un paio di volte e anche Fiorini lo riconosce.

"Salve, sta andando pure Lei dalla Terenzi?" gli chiede il dottore dopo averlo **raggiunto**. "Io sono venuto per ringraziarla perché ieri mi ha invitato alla sua festa. Soprattutto però voglio vedere come sta. Detto tra noi, ora che la signora non sente: la nostra paziente porta bene i suoi anni, ma non ha più la salute di una volta. Purtroppo qualche volta se ne dimentica e fa troppo."

Quando il fisioterapista gli spiega la situazione, il medico si fa subito serio. Secondo lui bisogna chiamare l'ambulanza e anche la polizia. Così poco dopo l'appartamento è pieno di persone quasi quanto il pomeriggio **precedente**. Ci sono Fiorini e il fisioterapista, due poliziotti, l'**infermiere** e il medico dell'ambulanza, la signora che abita di fronte e anche Adele. Dalla finestra di casa sua la donna ha visto l'ambulanza davanti al palazzo ed è venuta a controllare. C'è anche Titti Terenzi: **giace** morta nella **vasca da bagno** piena d'acqua.

Il dottor Fiorini è molto **colpito**. "Poveretta," commenta con voce triste, "ieri era tanto contenta, chi poteva immaginare una fine così. Io la conosco… la conoscevo da anni, ero diventato quasi un amico di famiglia. Penserò io ad **avvertire** la figlia."

I poliziotti invece sono quasi **indifferenti**. Secondo loro non serviranno grandi **indagini** perché tutto fa pensare a un tragico **incidente**. La signora era anziana e viveva sola. Sul cadavere non ci sono segni di **violenza**. La stanza da bagno è in ordine e in casa non ci sono **tracce** di **furto**.

raggiungere	erreichen
precedente	vorige(r)
infermiere *m*	Krankenpfleger
giacere	liegen
vasca *f* da bagno	Badewanne
colpito	betroffen
avvertire	benachrichtigen
indifferente	gleichgültig
indagine *f*	Ermittlung
incidente *m*	Unfall
violenza *f*	Gewalt
traccia *f*	Spur
furto *m*	Diebstahl

"Per me la signora **è annegata**," conclude l'ispettore Ragnetti. "Nei casi come questi, però, il medico ha sempre l'ultima parola. Deve dire lui qual è la causa della morte."

Fiorini si fa avanti.

"Se posso essere d'aiuto..." comincia con aria **modesta**.

Il giovane medico dell'ambulanza è visibilmente contento.

"Naturalmente!" risponde subito. "Un internista esperto come Lei, **primario** di una clinica... Ho letto un Suo articolo su 'Medicina oggi', sa? E poi Lei ha avuto in cura la signora Terenzi per tanto tempo. Chi meglio di Lei può **giudicarne** lo stato di salute? La signora aveva problemi di cuore?"

annegare	ertrinken
modesto	bescheiden
primario *m*	Chefarzt
giudicare	(be)urteilen
sbalzo *m* di pressione	Blutdruckschwankung
giramento *m* di testa	Schwindelanfall
per l'appunto	eben, genau
svenire	ohnmächtig werden
vietare	verbieten

"Già, ogni tanto aveva **sbalzi di pressione**, **giramenti di testa**. Non spesso, ma **per l'appunto** proprio la settimana scorsa. Inoltre non camminava bene. Zoppicava leggermente, specie quando era stanca. Aveva avuto un'operazione con risultati purtroppo non buoni."

Fiorini si interrompe per riflettere.

"Per me è andata così," dice poi, "la signora **è svenuta**, è caduta nella vasca piena d'acqua ed è annegata. Anche la sua posizione lo lascia pensare, non Le sembra, ispettore?"

Ragnetti è d'accordo: "Sì, direi di sì."

"Tanto più," aggiunge Fiorini a voce più bassa, "che ieri pomeriggio, al suo compleanno, la povera Teresa non avrà bevuto solo tè. In occasioni come queste preferiva qualcosa di più forte, non so se mi spiego."

"Ma se la Terenzi non era stata bene, come mai non le **ha vietato** la festa di ieri?" domanda il medico dell'ambulanza a Fiorini.

Esercizio 4: L'intruso. **Welches Wort ist das „schwarze Schaf" und passt nicht in die Reihe? Unterstreichen Sie!**

1. contento convinto allegro soddisfatto
2. triste infelice dispiaciuto ingiusto
3. indifferente distaccato disinteressato serio
4. noioso tragico drammatico doloroso

Il primario lo fredda con un'occhiata.
"Evidentemente le condizioni di salute della signora non lo richiedevano. Faccio questo lavoro da trent'anni, non credo proprio di aver bisogno di lezioni!"

Poiché non sembrano necessari tanti esami, la morte di Teresa Terenzi viene archiviata come incidente.
Un paio di giorni dopo c'è il funerale.
È un bellissimo pomeriggio di maggio, caldo e pieno di sole. Violetta indossa un elegante abito nero e scarpe nuove con tacchi alti: forse un segno d'amore per quella madre tanto diversa da lei.

occhiata *f*	Blick
condizione *f*	Zustand
funerale *m*	Beerdigung
indossare	anhaben, tragen
tacco *m*	(Schuh-)Absatz

2 Una brutta sorpresa

È difficile ricominciare a lavorare dopo il fine settimana. A primavera avanzata, però, quando sulla spiaggia non c'è quasi nessuno, ma già si può fare il bagno, è ancora più difficile.

Nel suo ufficio l'ispettore Ragnetti cerca di dimenticare la domenica a Tirrenia (i) e di concentrarsi sul fascicolo che ha davanti.

Ma adesso riguarda il caso della Terenzi, l'anziana signora morta annegata.

La figlia ha chiesto un appuntamento e ora sta per arrivare. A quanto pare, non crede più che la morte nella vasca sia stata un incidente.

Ragnetti è scettico, per non dire seccato. Non vede proprio il motivo di tanti dubbi dopo il funerale. Quel colloquio – lo immagina già – sarà solo una perdita di tempo. Di fronte a una morte tragica e inaspettata qualche volta i parenti vanno alla ricerca delle spiegazioni più strane. E credono di saperne più della polizia.

> **Tirrenia** ist ein Badeort an der toskanischen Küste, der zwischen Marina di Pisa und Calabrone gelegen ist. Der Sandstrand ist 10 km lang und in einen schönen Pinienwald eingebettet.

avanzato	fortgeschritten
fascicolo *m*	*hier*: Akte
a quanto pare	wie es scheint
↯ seccato	genervt

Violetta Moggi arriva in commissariato insieme al figlio Mauro. Al telefono l'ispettore non le è sembrato molto entusiasta di riprendere in mano un caso già chiuso e spera che in due saranno più convincenti.

Esercizio 5: Domande. **Fragen Sie nach dem unterstrichenen Satzteil!**

1. Ragnetti ha passato la domenica al mare.

   ____?

2. Violetta Moggi sta per arrivare.

   ____?

3. Alla signora i dubbi sono venuti dopo il funerale.

   ____?

4. L'ispettore non vuole riprendere in mano un caso già chiuso.

   ____?

"Mi creda," dice ora la donna a Ragnetti, "prima di chiamarLa ci ho pensato a lungo."

"Eh, lo vedo... Ci sono dei fatti nuovi? Ha trovato qualcosa a casa di Sua madre?"

"No, **anzi**, è proprio perché qualcosa manca...", **interviene** Mauro. La madre lo interrompe subito: "È meglio raccontare dall'inizio, caro: *quello* viene dopo. Tutto, ispettore, è cominciato con l'eredità della povera mamma. Quando siamo andati a vedere, siamo rimasti... Sì, Le dico apertamente che siamo rimasti **delusi**: in banca c'era molto poco, troppo poco."

anzi	im Gegenteil
intervenire	sich einschalten
deluso	enttäuscht
azione *f*	*hier*: Aktie
avere naso per qc.	ein gutes Gespür für etw. haben
affare *m*	Geschäft

Esercizio 6: Imperfetto. **Lesen Sie weiter und konjugieren Sie die Verben im Imperfekt!**

La madre, spiega Violetta, **1.** essere ______________ abbastanza ricca. Oltre al grande appartamento dove **2.** abitare ______________, il marito le aveva lasciato **azioni** e soldi in banca. La signora Teresa **3.** dire ______________ sempre che il marito **aveva naso per gli affari** e che lei non aveva perso quasi niente con la crisi finanziaria. Certo, l'anziana signora non si **4.** fare ______________ mancare niente, le piaceva mangiare e vestire bene, ma ormai non **5.** viaggiare ______________ più, aveva venduto anche la macchina. A parte l'aiuto in casa e le cure mediche, alla sua età non aveva motivo di spendere molto. Oltretutto riceveva regolarmente una buona pensione.

"Invece," conclude Violetta, "quando siamo andati a vedere, abbiamo scoperto che buona parte delle azioni era stata venduta e che sul conto non è rimasto più molto. Quindi io Le chiedo, ispettore: dove sono finiti i soldi della mamma?"
"Già, dove sono finiti?" ripete Mauro con tono deciso.
"Non lo so, signora Moggi," risponde Ragnetti ignorando il ragazzo, "ma Lei ha già un'idea, immagino. Perché non me la dice?"

Violetta non si fa pregare: secondo lei i soldi della madre sono finiti nelle mani di Adele, la domestica. La donna, infatti, non solo **faceva le pulizie** nell'appartamento, ma accompagnava anche la Terenzi in banca. L'anziana signora non camminava bene. Per non uscire spesso, **ritirava** ogni tanto somme abbastanza grandi. I soldi, poi, li teneva in casa. Adele avrebbe scoperto dove erano e preso regolarmente quanto le serviva.

"La povera mamma era **distratta**," spiega la Moggi. "Non aveva mai avuto problemi di soldi e quindi non faceva attenzione alle spese. **Si fidava di** Adele e quella falsa se **n'è approfittata**. Sembrava così carina con la mamma, ma era solo per interesse!"

Per Violetta Adele ha anche convinto la signora Teresa a farle dei **prestiti** in modo informale.

"Altrimenti perché la mamma aveva venduto le azioni? Non ne aveva nessun bisogno. Adele le avrà raccontato del marito senza lavoro, della madre in ospedale e chissà cos'altro. La povera mamma l'avrà aiutata. Generosa com'era, le avrà dato i soldi sulla parola."

Violetta fa una breve pausa e **sospira**.

"Dispiace dirlo," continua, "ma la mamma era più generosa con gli altri che con quelli della famiglia."

"Mi scusi," domanda allora Ragnetti, "ma Lei prima non **si è** mai **accorta di** niente? Non seguiva gli affari di Sua madre? Dopotutto la signora Terenzi era avanti negli anni."

"Ispettore, Lei non ha conosciuto la nonna," risponde subito Mauro. "Era **indipendente**, prendeva da sola ogni decisione. Li avesse dati

fare le pulizie	putzen
ritirare	abheben
distratto	zerstreut
fidarsi di qu./qc.	sich auf jmd./etw. verlassen; jmd./etw. vertrauen
approfittarsi di qu./qc.	jmd./etw. ausnutzen
prestito *m*	Darlehen
sospirare	seufzen
accorgersi di qu./qc.	jmd./etw. (be)merken
indipendente	selbstständig, unabhängig

a me quei soldi! Ad agosto divento padre. A vent'anni! E sono ancora uno studente!"

Ragnetti comincia a stancarsi: "Lasciamo da parte i problemi di famiglia, per favore. Se non sbaglio, il punto di partenza era un altro: la causa della morte della signora Teresa."

sospetto *m*	Verdacht
scomparire	verschwinden

Mauro guarda brevemente la madre e risponde: "Volevamo soltanto spiegare i fatti prima di arrivare alla conclusione."

"E cioè?"

"Ispettore, per noi Adele Nesi è responsabile della morte della nonna."

Esercizio 7: Sinonimi. Welche Ausdrücke haben die gleiche Bedeutung? Ordnen Sie zu!

1. ☐ seguire	a) fare un errore
2. ☐ essere avanti negli anni	b) andare dietro
3. ☐ guardare brevemente	c) dare un'occhiata
4. ☐ sbagliare	d) essere anziano

Secondo Violetta e il figlio, la signora Teresa ultimamente doveva avere qualche sospetto su Adele. Oltretutto erano anche scomparse dall'appartamento due statuette. Chi poteva averle prese se non la domestica? A parte il medico, il fisioterapista e qualche amica fidata, la signora Terenzi non riceveva visite.

Proprio il pomeriggio del compleanno Violetta aveva fatto notare alla madre che le statuette mancavano. La signora Teresa era sembrata irritata, stava per dire qualcosa quando erano arrivati degli amici.

"Così non ne abbiamo parlato più," racconta Violetta. "Però sono sicura che la mamma la sera ha chiesto spiegazioni ad Adele e che **hanno litigato** per questo. Lei, ispettore, ha visto Adele: non è proprio piccolina... Durante il litigio avrà dato una **spinta** alla mamma, che è caduta ed è svenuta. Adele avrà pensato che era morta e ha avuto una gran paura. Allora, nel panico, lì nel bagno ha avuto l'idea dell'incidente. Ha messo la povera mamma svenuta nella vasca e quella è annegata."

A questo punto la donna s'interrompe per vedere l'effetto delle sue parole.

Ragnetti rimane in silenzio per qualche secondo e poi dice: "Sinceramente, signora, ho i miei dubbi. La Nesi può anche aver preso i soldi di sua madre, ma la storia dell'omicidio non mi convince."

Violetta e il figlio **insistono**.

litigare	(sich) streiten
spinta *f*	Stoß
insistere	(auf etw.) beharren
improbabile	unwahrscheinlich
spostare	verschieben
testardaggine *f*	Dickköpfigkeit, Eigensinn

Spiegano che la signora Terenzi, a causa dei problemi di salute, non faceva mai il bagno da sola, l'aiutava sempre Adele. E proprio Adele era stata chiamata per ultima dalla signora il giorno della sua morte. Evidentemente quella sera, dopo la festa, la Terenzi le aveva telefonato per chiederle di assisterla. Poi, in bagno, c'era stato quel litigio che era finito tragicamente.

Con il marito senza lavoro e la madre malata, Adele ultimamente era sotto stress. Una sua reazione incontrollata, quindi, non era **improbabile**. Lei stessa, del resto, aveva ammesso la telefonata. A quanto pare, però, triste e stanca dopo la visita all'ospedale, aveva chiesto di **spostare** il bagno al giorno dopo.

"Secondo Adele," conclude Violetta "la mamma, arrabbiata, ha fatto poi il bagno da sola. Capisce, ispettore? Secondo lei la povera mamma è morta a causa della propria **testardaggine**! Adele ha una spiegazione per tutto e io all'inizio le ho creduto. Quando ho visto l'eredità, però, ho aperto gli occhi definitivamente. Adele è una ladra. È un'assassina! Altro che testardaggine, la mamma non avrebbe mai fatto il bagno da sola. Quella sera Adele era con lei. Se dice il contrario, il motivo è chiaro."

Quando i parenti della Terenzi lasciano l'ufficio, Maurizio Ragnetti riesamina le loro accuse.

La Moggi è veramente agguerrita: ha cercato le statuette in tutto l'appartamento, ha controllato la lista delle telefonate, ha parlato con la domestica. Magari ha anche preso contatto con un investigatore privato. In ogni caso, adesso è convinta di conoscere la verità. Adele – questa è la sua idea – mente di sicuro riguardo alle statuette e ai soldi. Perché non dovrebbe mentire anche sul resto? Secondo Violetta Moggi il medico e la polizia hanno lavorato male e in fretta: nessuno ha mai pensato alla possibilità di un omicidio e quindi nessuno ha mai esaminato veramente il cadavere. Invece forse da qualche segno sul corpo si poteva capire che la Terenzi era stata spinta e non era finita da sola nella vasca. Per questo motivo il cadavere deve essere riesumato.

ladra *f*	Diebin
assassina *f*	Mörderin
accusa *f*	Beschuldigung, Anschuldigung
agguerrito	kämpferisch, angriffslustig
investigatore *m* privato	Privatdetektiv
mentire	lügen
in fretta	in Eile
omicidio *m*	Mord
spingere	stoßen, schubsen
riesumato	exhumiert

L'ispettore cerca di essere obiettivo, ma la Moggi proprio non gli è simpatica. Gli sembra più interessata all'eredità che alla tragica morte della madre. Evidentemente è tanto delusa per i soldi che mancano, che è arrivata a odiare la domestica. Così ora vuole le prove di un omicidio che non c'è stato.

"Due medici dicono che è stato un incidente e quella critica la polizia perché ha archiviato il caso troppo presto... È ridicolo!" borbotta Ragnetti arrabbiato.

Poi però telefona ad Adele Nesi per prendere un appuntamento. Almeno l'accusa di furto deve essere chiarita.

ridicolo	lächerlich
borbottare	brummen

Esercizio 8: Vero o falso? Welche Aussagen stimmen? Kreuzen Sie an!

1. La sera del compleanno Teresa ha chiamato Adele. ❒
2. Adele non ha sentito il telefono perché si era addormentata. ❒
3. Per Violetta la madre è annegata dopo un litigio con la domestica. ❒
4. I parenti vogliono far riesumare il cadavere. ❒

3 Una decisione difficile

Quando l'ispettore incontra Adele Nesi, le spiegazioni della domestica sono un po' confuse. Prima la donna dice di non sapere niente delle statuette. Poi ci ripensa e racconta che le ha avute in regalo dalla Terenzi e che ha mentito per paura di essere accusata di furto. Quanto ai soldi, insiste che non ha mai preso un centesimo, anzi: che non sapeva nemmeno dove la signora Terenzi li tenesse.

Ragnetti è poco convinto. Parla con il commissario e la polizia riapre le indagini.

Dopo le prime ricerche si scopre che circa sei mesi prima Adele Nesi aveva ripagato un debito che aveva da tempo. Ventimila euro tutti insieme: un po' troppi per una domestica part-time con il marito senza lavoro.

accusato	beschuldigt
debito *m*	Schuld; Kredit
risparmio *m*	Ersparnis
nascondere	verstecken
ciecamente	blindlings

La Nesi naturalmente ha una spiegazione: quei soldi erano i risparmi di una vita che la madre aveva nascosto in casa. Sapendo di essere vicina alla fine, la donna li aveva dati alla figlia prima di andare all'ospedale.

Forse la domestica dice la verità, ma pochi le credono.

Ragnetti ormai ha seri dubbi sulla sua sincerità. Anzi: comincia a pensare che forse ha fatto male a fidarsi ciecamente del parere dei medici quando è stato scoperto il cadavere. Adele, tra l'altro, non ha nemmeno un alibi per la sera del compleanno.

I parenti della signora Terenzi si fanno più insistenti. Alla fine la procura dà ordine di riesumare il cadavere.

È il trionfo di Violetta Moggi.
"Allora?" dice la donna all'ispettore quando si conosce il risultato dell'autopsia. "Lei non voleva credermi e invece... Anche se dall'esterno non si vedeva niente, quei segni sotto la pelle sono la prova che Adele..."
"Un momento [i]!" la interrompe Ragnetti. "L'unica cosa certa è che Sua madre è annegata. Quei leggeri ematomi dicono solo che qualcuno potrebbe averla spinta e messa nella vasca. Ripeto, però: *potrebbe*. È solo una possibilità. Comunque è vero: adesso si può pensare a un omicidio e contro la signora Nesi ci sono diversi indizi."

> Häufig hört man im deutschsprachigen Raum „uno momento". Das ist ein deutsches „Möchtegern-Italienisch" und falsch! Den unbestimmten Artikel **uno** benutzt man nur vor männlichen Substantiven, die mit s+Konsonant und z anfangen: z. B. **uno zoo, uno sbaglio.**

Violetta è generosa: "Questa volta la polizia sta lavorando molto bene. Ho fiducia in Lei, ispettore. Troverà Lei il modo di far parlare quella donna, ormai è chiaro che mente."

In realtà Adele Nesi ha già parlato con la polizia e non è stato facile per lei. Ha cercato di rimanere calma anche quando aveva paura. Ha cercato di non pensare ai problemi che le accuse contro di lei significano per la sua famiglia. Ha risposto a tutte le domande, ha fatto il nome di persone che possono confermare le sue parole. Purtroppo non è servito a molto. Tutto quello che dice viene poi interpretato contro di lei. L'unico che le fa coraggio è Petrella, il suo avvocato.
Lorenzo Petrella è sulla quarantina, con i capelli scuri e un naso non proprio piccolo. Non ha la bellezza di un fotomodello, ma è simpatico e intelligente. Inoltre ha tanti interessi, in particolare i mobili

antichi. Non li compra spesso perché non ha né i soldi né il posto in casa, ma non si perde una mostra tra Toscana, Umbria e Marche. Con il tempo è diventato un esperto.
Petrella è così: quando una cosa gli interessa, la segue con passione e costanza. Alla fidanzata ha fatto la corte per mesi finché anche lei si è innamorata. Nel lavoro, se c'è anche una sola possibilità di aiutare i suoi clienti, lui alla fine la trova.

Oggi davanti a lui siede una cliente diversa da quelle che ha normalmente.
È una donna ancora giovane, sposata e con due bambini. Ha l'aria buona. Da come è vestita e da come parla si capisce che viene da un ambiente modesto. Sembra una qualunque con una vita qualunque. Invece la signora Adele Nesi è accusata di omicidio.
Petrella all'inizio non sapeva che cosa pensare di lei. Poi, parlandole, si è fatto l'idea che è sincera.
"Avvocato," gli dice ora Adele, "mi aiuti Lei. Che cosa posso farci se le mie spiegazioni alla polizia non sembrano credibili? Dovevo forse inventarne altre? Quella sera, quando sono tornata dall'ospedale, mio marito era a un corso d'inglese e i bambini a casa dei nonni. Mentre mangiavo davanti alla televisione, la signora Terenzi mi ha telefonato: voleva fare il bagno. Con la scusa che abitavo lì vicino, la signora mi chiamava spesso. Io, però, non potevo essere sempre ai suoi ordini e ho risposto di no. Poco dopo sono andata a dormire. Ero così stanca che non ho nemmeno sentito tornare mio marito. È andata veramente così! Sono forse un'assassina solo perché non ho un alibi?"

procura *f*	Staatsanwaltschaft
ematoma *m*	Hämatom, Bluterguss
confermare	bestätigen
coraggio *m*	Mut
avvocato *m*	Rechtsanwalt
passione *f*	Leidenschaft
fare *irr* la corte a qu.	jmd. den Hof machen
cliente *m/f*	*hier*: Mandant; Kunde
inventare	erfinden

Esercizio 9: Pronomi personali. **Ersetzen Sie die unterstrichenen Wörter durch die entsprechenden Pronomen!**

1. L'unico che fa coraggio a Adele è il suo avvocato.

   ____.

2. Petrella non compra spesso i mobili antichi.

   ____.

3. La fidanzata non si è innamorata subito dell'avvocato.

   ____.

4. Petrella fa di tutto per aiutare i suoi clienti.

   ____.

L'avvocato Petrella questa storia l'ha già sentita, ma per il momento non vuole interrompere la cliente. Lasciando parlare liberamente una persona qualche volta vengono fuori dettagli utili per la difesa. "La signora Teresa aveva un caratterino..." continua Adele. "Era impaziente e testarda. Da giovane era molto bella, aveva cantato al Festival Pucciniano (i), era ricca, tutti facevano quello che lei diceva. Naturalmente poi le cose erano cambiate, ma lei non voleva accorgersene. Specialmente con me non era sempre gentile. Anche se ogni

> Zu Ehren des Komponisten Giacomo Puccinis findet jeden Juli und August am Ufer des Massaciuccoli-Sees in Torre del Lago (Toskana) das **Festival Puccini** statt. Die Puccini-Inszenierungen sind mit großen Opernstars, bedeutenden Dirigenten und bekannten Regisseuren besetzt.

tanto litigavamo, però, io le volevo bene... insomma: quasi bene. Era sola, mi faceva pena. E poi negli ultimi tempi era diventata più dolce. Quando Elio, mio marito, è rimasto senza lavoro, mi aveva dato quelle statuette perché le vendessi. Chi poteva immaginare le conseguenze di quel dannato regalo! Anche con la famiglia la signora Terenzi ultimamente era cambiata. Soprattutto con il nipote, con quel ragazzo che..."
Adele Nesi si interrompe e arrossisce leggermente.
"Dica, dica," la invita Petrella.
"Beh, quel ragazzo a vent'anni ha ancora la testa di un bambino! Comunque, la signora Terenzi, che non si era mai interessata alla famiglia, ultimamente voleva vederlo più spesso. Era molto contenta all'idea di diventare bisnonna."

dettaglio *m*	Detail
impaziente	ungeduldig
testardo	dickköpfig, eigensinnig
fare pena	leidtun
dannato	verdammt
bisnonna *f*	Urgroßmutter, Uroma

Esercizio 10: Lettere in disordine. Lesen Sie weiter und ordnen Sie die Buchstaben zu sinnvollen Wörtern!

"Quindi la signora le **1.** vanotaccar ______________ cose personali."

"Cosa vuole, avvocato, dopo quasi quattro anni..."

"Ecco, appunto: in tutto questo tempo Lei ha potuto **2.** norececos ______________ bene la signora. Sa come viveva, chi vedeva, come stava in salute. Immagini ora che io sia un **3.** lipottozio ________________ e che Lei non **sia coinvolta** direttamente. Che cosa mi direbbe? Perché secondo Lei la signora Terenzi è morta per un **4.** tecidenni ________________?"

Adele Nesi apre la bocca per rispondere, poi la richiude e guarda l'avvocato con un sorriso triste.
Alla fine dice: "Forse non è stato veramente un incidente."
Petrella non se l'aspettava.
"Vuol dire che… che Lei…?" comincia lentamente.
La signora Nesi capisce subito e **scuote** la testa: "No, avvocato, non ho niente da **confessare**. Anzi: dimentichi l'ultima frase, altrimenti tutto diventa più complicato. Secondo il medico legale forse c'è stato un omicidio. Noi diciamo che non c'è stato, punto e basta."
Petrella non la vede così, vuole proprio sapere come mai la cliente ha quel sospetto.
Lei ne parla **controvoglia**.
"È solo una mia idea," spiega, "niente di concreto. La mattina in cui hanno trovato il cadavere, ho visto dalla finestra l'ambulanza davanti al palazzo della Terenzi. Mi sono preoccupata e sono corsa dalla signora. C'era una gran confusione, nel bagno non mi lasciavano entrare, nessuno rispondeva alle mie domande. Così ho aspettato nella stanza da letto, che è di fronte al bagno. La porta era aperta e, proprio mentre entravo, ho avuto l'**impressione** che sul tavolo ci fosse

coinvolto	verwickelt
scuotere	schütteln
confessare	gestehen
controvoglia	widerwillig
impressione *f*	Eindruck

qualcosa di diverso. I ninnoli e i libri si trovavano lì come sempre, ma non esattamente dove erano il giorno prima. Ricordo di aver pensato che in quella camera doveva esserci stato un estraneo. Tra l'altro, avvocato, una delle finestre dell'appartamento non chiude bene. È stata l'impressione di un momento, però. Forse ho visto male e quindi è meglio non pensarci più. Io adesso voglio solo uscire da quest'incubo il più presto possibile."

estraneo *m*	Fremder
incubo *m*	Albtraum
ϟ figuriamoci!	*hier*: unvorstellbar!
difendersi	sich verteidigen
imbarazzato	verlegen
offeso	beleidigt
immischiarsi	sich einmischen

La donna nasconde il viso tra le mani e comincia a piangere mentre Petrella aspetta in silenzio. Finalmente, dopo un profondo sospiro, Adele riprende: "Nemmeno la polizia sa niente. All'inizio tutti dicevano che era stato un incidente e io non sono né un medico né un poliziotto. Ora poi, figuriamoci! Sembrerebbe che io voglia difendermi accusando qualcun altro [i]."

Qualcuno verhält sich vor männlichen Wörtern, die mit einem Vokal anfangen, wie der Artikel **uno.** Somit ist **qualcun altro** ohne Apostroph fehlerfrei, weil es richtig heißt **un altro** und nicht *un'altro*.

L'avvocato riflette.
Finora ha sempre creduto di trovarsi davanti a un tragico errore: la sua cliente è accusata di un omicidio che in realtà nessuno ha commesso.

Petrella ha anche chiesto aiuto al dottor Fiorini per uscire da questa situazione assurda. È stato da lui un pomeriggio, quando ha cominciato a studiare il fascicolo. Forse, però, il medico è imbarazzato perché non ha notato gli ematomi sul cadavere o forse è offeso perché la polizia non dà più importanza al suo parere. In ogni caso gli ha detto chiaramente che non vuole immischiarsi.

Esercizio 11: Cruciverba. **Tragen Sie die fehlenden Partizipien in das Kreuzworträtsel ein!**

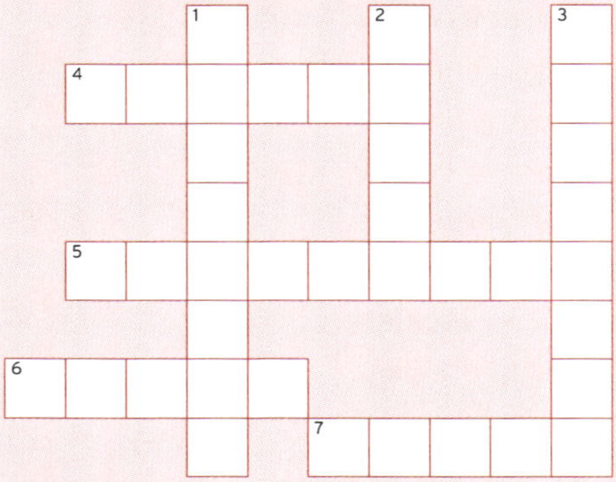

Orizzontali

4. La signora Nesi (piangere) ha ... davanti all'avvocato.
5. Dall'appartamento (scomparire) sono ... due statuette.
6. Per Violetta la madre non (fare) ha ... il bagno da sola.
7. La domestica (vedere) ha ... qualcosa di diverso sul tavolo.

Verticali

1. Adele (nascondere) ha ... il viso tra le mani.
2. La domestica (correre) è ... a casa della Terenzi.
3. Per Petrella nessuno (commettere) ha ... un omicidio.

Sulla porta, prima di salutarlo, gli ha ripetuto: "Per me è stato un incidente. Il mio collega però è arrivato a un'altra conclusione ed è lui il medico legale. Non le sembra ridicolo, avvocato? Devo occuparmi della mia paziente anche adesso che non c'è più. Sarò rimasto venti minuti al massimo a quel compleanno, ma sono ancora qui a parlarne. Ora basta! Mi dispiace per la Sua cliente, ma questa storia per me è definitivamente chiusa."

Anche se deluso, Petrella ha dovuto accettare la posizione di Fiorini. Adesso però le cose sono diverse.

Se la Nesi ha visto bene, l'aiuto del medico non è necessario.

Per questo l'avvocato insiste: "È possibile che la polizia abbia spostato i libri sul tavolo della Terenzi?"

Adele risponde che al suo arrivo i poliziotti erano ancora tutti nel bagno. Secondo lei avevano dato al massimo un'occhiata veloce alla stanza da letto.

occuparsi di	sich kümmern um
disordinato	unordentlich
apparentemente	scheinbar
mettere la pulce nell'orecchio a qu.	jmd. einen Floh ins Ohr setzen

"La signora Terenzi," aggiunge la domestica, "sembrava disordinata, ma non era così. Sui mobili della sua camera c'erano libri, riviste, medicine, fotografie: tutto apparentemente senza ordine, ma in realtà sempre allo stesso posto. Io lo so bene perché non dovevo spostare niente quando facevo le pulizie, nemmeno un vecchio giornale!"

Petrella a questo punto deve decidere.

Deve veramente convincere il giudice che non c'è stato nessun omicidio? La sua cliente vuole proprio questo e forse è anche la via più semplice: per ora ci sono solo indizi e non prove contro di lei.

La Nesi, però, gli ha messo la pulce nell'orecchio. E se invece qualcuno è veramente entrato in casa della Terenzi e l'ha uccisa facendo credere a un incidente? Ma per quale motivo? Non per un normale furto: tutte le cose di valore dell'appartamento sono ancora lì. Se la Nesi ha ragione, probabilmente la persona sconosciuta cercava qualcosa proprio sul tavolo della signora. Che cosa può essere? La Terenzi aveva forse un segreto?

Esercizio 12: Imperfetto o passato prossimo?

Unterstreichen Sie die korrekte Variante!

1. L'avvocato è andato da Fiorini e gli ha chiesto / chiedeva aiuto.
2. La domestica non spostava mai niente quando faceva / ha fatto le pulizie.
3. Quando Adele è arrivata / arrivava, i poliziotti erano nel bagno.
4. Petrella non sa se qualcuno è entrato / entrava a casa della Terenzi per ucciderla.

Petrella non sa che cosa fare. Il pensiero di un assassino ancora libero non gli piace. D'altra parte il sospetto della Nesi sembra anche a lui troppo vago per raccontarlo alla polizia.

Forse per uscire dal dilemma deve andare a vedere la stanza da letto della signora. Se c'è un segreto, è lì che può scoprirlo. Se invece non troverà niente, a quel punto avrà meno scrupoli: difenderà Adele Nesi insistendo definitivamente che è stato un incidente.

sopralluogo *m*	Besichtigung, Ortstermin
sigillato	versiegelt

Petrella telefona in commissariato e chiede di fare un sopralluogo nell'appartamento, che è ancora sigillato.

L'ispettore Ragnetti accetta, ma a due condizioni. Primo: accompagnerà lui stesso l'avvocato. Secondo: la stanza da bagno rimarrà chiusa.

4 Il segreto di Teresa

Un paio di giorni dopo Petrella racconta alla sua cliente come è andata.

"Ragnetti non si fidava, mi stava sempre dietro, ma alla fine mi ha fatto i complimenti."

"Glieli faccio anch'io, avvocato," dice Adele contenta. "Finalmente abbiamo la prova che non ho rubato!"

Petrella sorride.

"Veramente la prova, adesso, ce l'ha la polizia. Quanto ai complimenti, diciamo che mi ha aiutato la mia passione per i mobili antichi. Appena entrato nella stanza della signora, sono andato dritto al tavolo. Lì pero non c'era niente di particolare. Allora ho provato con la scrivania. I mobili di quel tipo spesso nascondono un cassetto segreto. Un antiquario mio amico una volta mi aveva mostrato come cercarlo in una scrivania simile. Evidentemente mi sono ricordato bene... e sono stato fortunato."

scrivania *f*	Schreibtisch
cassetto *m* segreto	Geheimfach
quaderno *m*	Heft

La scrivania del Settecento della signora Terenzi aveva veramente un cassetto segreto. Dentro c'erano un quaderno e alcune lettere, lettere d'amore che la signora aveva ricevuto diversi anni prima, quando il marito era ancora vivo.

Evidentemente le erano state date a mano perché sulle buste mancano il francobollo e l'indirizzo. Molto, anzi, tutto lascia pensare che l'appassionato autore sia il dottor Antonio Fiorini.

Adele non riesce ancora a crederci.

"Non è possibile, io non mi sono mai accorta di niente! Ma il dottore non è molto più giovane della signora, avvocato?"
"Più giovane di quindici anni," risponde Petrella, "sono andato a controllare. L'ultima lettera però è di tanto tempo fa. Evidentemente ormai la storia era finita e loro erano rimasti amici... qualcuno ci riesce."
"Chissà se la moglie di Fiorini ne sa qualcosa?" si chiede Adele. "La signora Terenzi raccontava che è una donna ricca e antipatica. La clinica è di suo padre e in famiglia comanda lei."
"Beh, queste sono cose private. Per noi adesso è importante soprattutto il quaderno."
È lì, infatti, la prova che i soldi della Terenzi non sono finiti nelle mani della domestica.

Esercizio 13: Parole della stessa famiglia. Welche Substantive haben denselben Stamm wie die Verben?

1. mostrare ________________
2. ricordare ________________
3. pensare ________________
4. controllare ________________

La signora aveva scritto nel quaderno fino all'ultimo annotandoci di tutto: dalle ore di lavoro di Adele fino alla lista dei dolci per la festa di compleanno. Ci aveva annotato anche le somme che aveva dato a un certo – o a una certa – "Ant." durante gli ultimi dodici mesi.
"Per me 'Ant.' è Antonio Fiorini," dice ora Petrella. "Le somme però sono troppo alte per essere l'onorario di un medico, sia pure uno

molto conosciuto. Forse la Terenzi nascondeva il quaderno proprio per questo. Lei che pensa, signora Nesi?"
Adele è perplessa. Il dottore sembra anche a lei la persona più probabile, ma è ricco e non ha bisogno di soldi.
"La polizia che cosa dice?" domanda all'avvocato.
"Ragnetti sta facendo dei controlli tra gli amici della signora. Naturalmente parlerà anche con Fiorini, ma penso proprio che quello farà di tutto per non essere coinvolto. Per quale motivo dovrebbe dire la verità se fino a ora ha tenuto la bocca chiusa? Io pensavo di sapere come **metterlo con le spalle al muro**, ma mi sono sbagliato. Il fatto è che nella stanza della Terenzi ho trovato per caso anche lo **scontrino** del regalo di compleanno del dottore. **Sono inciampato** e una delle lettere che avevo in mano è finita sotto un mobile. Lo scontrino è venuto fuori proprio mentre cercavo di prenderla. La data, l'ora e l'indirizzo del negozio mostrano che Fiorini aveva comprato il regalo all'ultimo minuto, davanti alla casa della signora. Evidentemente aveva messo in fretta lo scontrino nella tasca e quello dopo gli era caduto senza che lui se ne accorgesse. Leggero com'è, era volato sotto il mobile. Il dottore quindi per me era stato in quella stanza il giorno del compleanno."

annotare	aufschreiben, notieren
onorario *m*	Honorar
mettere con le spalle al muro	*hier*: entlarven
scontrino *m*	Kassenzettel
inciampare	stolpern

Adele non capisce.
"E allora?" domanda. "Che cosa significa questo secondo Lei, avvocato? Fiorini era stato invitato alla festa, forse non è rimasto sempre nel soggiorno…"
"Già," risponde Petrella. "L'altra volta, però, quando l'ho incontrato, il dottore mi ha detto che aveva accettato l'invito al compleanno solo per gentilezza, anche se quel pomeriggio doveva lavorare. Così

aveva portato in regalo alla Terenzi il suo profumo preferito, glielo aveva dato nell'ingresso ed era rimasto lì a chiacchierare per un po' senza nemmeno entrare nelle altre stanze. Poi era andato in clinica. Voleva ripassare più tardi, ma non ne aveva avuto il tempo. Era tornato solo il giorno dopo. Capisce ora, signora Nesi? Quello scontrino per me era la prova che Fiorini mi aveva mentito e che in realtà quel giorno era stato una seconda volta dalla sua paziente. Altrimenti come poteva trovarsi lo scontrino nella stanza da letto? Il dottore conosceva il profumo preferito dalla signora, sicuramente non glielo aveva dato insieme allo scontrino perché potesse cambiarlo... Purtroppo, però, ho creduto troppo presto di avere in mano una prova decisiva. Ragnetti, da poliziotto esperto, mi ha fatto notare subito il mio errore."

Un po' deluso, l'avvocato ammette che nel suo entusiasmo non aveva pensato a una cosa banale: lo scontrino poteva essere caduto dalla tasca del dottore anche il mattino dopo la festa.

"Eh, no," ribatte Adele Nesi con un sorriso tutt'altro che deluso, "lo scontrino è caduto proprio la sera del compleanno. Io ho visto il dottore quel giorno sulle scale e anche il mattino dopo: non aveva lo stesso abito... e quindi nemmeno la stessa tasca."

Petrella sa che a questo punto dovrebbe lasciare alla polizia il resto del lavoro.

La soluzione del caso però gli sembra troppo vicina e lui vuole arrivarci per primo. In fondo l'idea dello scontrino è stata sua.

Esercizio 14: Avverbi. Lesen Sie weiter und unterstreichen Sie die Adverbien!

Così chiama subito il medico e gli chiede un appuntamento con la scusa che ha ancora alcune domande sulla salute della Terenzi. Per convincerlo gli **promette** che sono veramente le ultime e che poi non lo disturberà più.

Anche se controvoglia, Fiorini accetta. Già al telefono è chiaro che ancora non ha parlato con Ragnetti.
L'incontro è a casa del dottore, una bella villa fuori città.
Dopo un saluto poco spontaneo, i due si siedono nel soggiorno.
Fiorini è gentile, ma meno sicuro di sé della prima volta.
Quando Petrella gli dice del quaderno, ride in modo un po' falso.
"E Lei è venuto da me per questo, avvocato? È ridicolo: 'Ant.' può essere chiunque: Antimo, Antonella... Mi spiega perché una paziente dovrebbe dare al suo medico tutti quei soldi?"
"Per esempio perché **è stata plagiata**," risponde freddo Petrella. "Lei, Fiorini, era più di un semplice medico per la signora Terenzi. Ci sono diverse lettere che lo provano... lettere d'amore che ora sono nelle mani della polizia insieme al quaderno."
Il dottore adesso è molto nervoso.
"Dove ha trovato quelle lettere, Petrella, e come si è permesso di leggerle? Sono lettere private che oltretutto non significano niente perché la mia storia con la signora è finita da anni. Da lei io non ho mai avuto un centesimo oltre al mio onorario, mai!"
L'avvocato non si lascia impressionare dal tono agguerrito.
"Davvero?" risponde. "Mi dispiace, dottore, ma non Le credo. Prima deve almeno spiegarmi perché era nella camera della signora Terenzi la sera del compleanno. Sono sicuro che anche la polizia vorrà saperlo. E non dica che non è vero: ho la prova che è stato lì!"

chiacchierare	plaudern
decisivo	entscheidend
promettere	versprechen
plagiare	hörig machen

Il medico non chiede nemmeno che prova è. Continua a ripetere la sua versione dei fatti, ma le sue parole non convincono e lui è il primo ad accorgersene. Alla fine rimane in silenzio.
Petrella insiste con la sua domanda. Vuole sapere perché Fiorini non ha mai parlato del suo ultimo incontro con la signora Terenzi. "Che cosa vuole nascondere, dottore? Non appena verrà fuori il Suo nome, se lo chiederanno in molti qui a Pisa: amici, colleghi e pazienti." Dal viso **spaventato** del medico l'avvocato capisce di aver trovato il tasto giusto, quello della reputazione, e continua deciso: "Ci sono troppi indizi contro di Lei, Fiorini. Tutti in città penseranno che si è approfittato della generosità di una povera vecchia per poi ucciderla in quel modo orribile. Per quale motivo altrimenti non ha mai raccontato la verità?"
Il dottore si difende: "La gente è sempre pronta a giudicare, ma che cosa sanno gli altri della mia vita? Per anni ho fatto quello che tutti si aspettavano da me. Sono stato il medico perfetto per i miei pazienti, il primario perfetto per mio **suocero**, il marito perfetto per mia moglie. Sono stato un **attore** perfetto: sempre sicuro di me, sorridente. Soltanto con Titti ero me stesso. Poi anche Lei è cambiata e io sono rimasto solo..."

spaventato	erschrocken
suocero *m*	Schwieger-vater
attore *m*	Schauspieler
responsabilità *f*	Verantwortung
vantaggio *m*	Vorteil

A voce molto più bassa, quasi tra sé, il dottore aggiunge: "...solo con i miei errori e le mie **responsabilità**."
Fiorini si passa la mano sui capelli grigi. Sembra improvvisamente molto più anziano: un vecchio che ha bisogno d'aiuto. A Petrella fa quasi pena.
"Quali errori, dottore?" domanda con tono più gentile. "È meglio che racconti tutto. Ci sono dei **vantaggi** per chi parla, Glielo dico da avvocato."

Fiorini risponde con un sorriso scettico, ma poi inizia a parlare. Racconta che aveva incontrato la signora Terenzi all'inizio della carriera di medico. Quella donna interessante e ancora bella gli era piaciuta subito. Lei con il marito si annoiava, voleva dimenticare la sua età insieme a un uomo più giovane. Si erano amati molto, poi, con il tempo, la passione era finita. Fiorini aveva cominciato a guardarsi intorno e aveva sposato una ragazza con qualche anno meno di lui: la figlia del proprietario della clinica dove lavorava. Grazie al matrimonio era diventato presto primario. Però era scontento e stressato. Lui, che veniva da una famiglia modesta, doveva sempre dimostrare alla moglie e al suocero di essere all'altezza della nuova posizione sociale e professionale. Così, un po' per caso, un po' per scelta, era tornato dalla Terenzi. La donna, senza più il marito, l'aveva accolto a braccia aperte. Il loro rapporto non era più come prima, ma a lei andava bene anche così. I due si vedevano ogni tanto, chiacchieravano da vecchi amici, si capivano, si consigliavano. Inoltre il dottore si occupava dei problemi di salute della signora.

"A casa di Titti avevo ritrovato il mio piccolo angolo di libertà," dice Fiorini. "Poteva andare avanti per sempre e invece con la vecchiaia cambia tutto! La salute di Titti è peggiorata, lei si sentiva sola, voleva vedermi più spesso, si arrabbiava se arrivavo con un minuto di ritardo... Insomma, mi ricordava troppo mia moglie. Volevo interrompere i rapporti, ma poi ho avuto bisogno del suo aiuto."

proprietario *m*	Eigentümer, Besitzer
matrimonio *m*	Hochzeit, Ehe
essere all'altezza di qc.	einer Sache gewachsen sein
rapporto *m*	Beziehung, Verhältnis
peggiorare	schlechter werden

Qui, finalmente, Fiorini riconosce di aver ricevuto le somme che erano annotate nel quaderno della Terenzi. A causa di un suo errore, infatti, un paziente era morto durante un'operazione. Lui aveva pagato gli infermieri perché non si sapesse la vera causa della morte, ma uno di loro chiedeva sempre di più.

Esercizio 15: Forma riflessiva. Konjugieren Sie die Verben in Fiorinis Aussage!

Titti e io eravamo buoni amici. Lei **1.** fidarsi, imperfetto ____________________ di me e io **2.** occuparsi, imperfetto ____________________ anche della sua salute. Passavamo dei pomeriggi insieme, **3.** divertirsi, imperfetto ____________________. Purtroppo col tempo io **4.** accorgersi, passato prossimo ____________________ che lei era cambiata.

"Mia moglie, avvocato, controlla i conti di famiglia," spiega ora il primario con un sorriso amaro e anche un po' imbarazzato, "io non potevo pagare senza che lei se ne accorgesse. D'altra parte non avevo il coraggio di confessarle il mio errore. Lei con me è così severa e io... sì: anche se è ridicolo, io ho paura di lei. Allora ho chiesto i soldi alla signora Terenzi. Titti me li ha dati per amicizia e ha promesso di tenere il segreto. Non ha mai parlato di un prestito, era semplicemente contenta di aiutarmi."
Fiorini cerca con gli occhi la comprensione di Petrella, ma non la trova. "Lei parla, parla," gli dice serio l'avvocato, "ma non mi ha ancora risposto: perché la sera del compleanno è tornato dalla Terenzi?"
Il medico ancora una volta comincia da lontano.

"Gliel'ho detto, avvocato: con la vecchiaia cambiano tante cose. Al pensiero di diventare bisnonna, Titti, proprio lei, si era commossa. Voleva comprare un piccolo appartamento per quel nipote di cui non si era mai interessata prima. Così improvvisamente mi ha chiesto i soldi indietro. Ma io dove li trovavo? Quando ho visto che al compleanno c'era anche il nipote, mi sono spaventato. La sera sono tornato da lei per sapere se gli aveva fatto qualche promessa concreta. Speravo ancora di farle cambiare idea sull'appartamento."

Fiorini si alza e cammina nervosamente per la stanza.

Senza guardare Petrella, conclude: "Ecco, ora Le ho risposto, avvocato. Ho tenuto segreto l'incontro soltanto per nascondere certi fatti che non c'entrano niente con la morte della signora Terenzi. Spero che capisca la mia difficile situazione."

Der **Konjunktiv** (hier: *capisca*) steht nach Verben und Wendungen, die ein Gefühl, eine Hoffnung, eine Unsicherheit oder eine persönliche Meinung ausdrücken. Z. B.: **Credo che..., penso che..., spero che...**

Petrella raggiunge Fiorini e gli si mette davanti.

"No," gli dice arrabbiato, "non la capisco! La mia cliente poteva andare in prigione per il suo silenzio! Sa invece come la penso? Secondo me Lei ha mentito per nascondere un omicidio. Quando la signora Terenzi Le ha chiesto i soldi indietro, Lei ha avuto paura. La sera del compleanno ha saputo dalla signora che non aveva ancora detto niente di concreto al nipote e ha agito prima che fosse troppo tardi. La signora era testarda, lo sanno tutti. Probabilmente quella sera aveva deciso di fare il bagno anche senza Adele. Lei ha visto la vasca da bagno e improvvisamente ha avuto quell'idea che poteva risolvere i suoi problemi.

amaro	bitter
severo	streng
commuoversi	gerührt sein
promessa *f*	Versprechen
prigione *f*	Gefängnis
agire	handeln

Ha spinto la povera signora nella vasca e... O forse no: forse Lei aveva già pronto il piano omicida. Con i problemi di salute della signora, era perfetto. Chi poteva sospettare di Lei?"

Esercizio 16: Parole in disordine. Bringen Sie die Wörter in die richtige Reihenfolge!

1. al | voleva | appartamento | Teresa | comprare | un | nipote

______________________________.

2. festa | è | ha | si | Mauro | alla | Fiorini | spaventato | visto | e

______________________________.

3. è | cambiare | Titti | dottore | per | farle | da | idea | Il | tornato

______________________________.

4. signora | Petrella | Fiorini | ucciso | la | ha | Per | povera

______________________________.

Fiorini si porta le mani alle orecchie.
"Basta!" grida. "Io non avevo nessun piano, è stato un incidente... almeno all'inizio. La signora Terenzi pensava che ormai non venissi più, al mio arrivo si stava preparando il bagno. Quasi subito ab-

biamo litigato per i soldi. Titti ha detto che li avrebbe chiesti a mia moglie se non glieli ridavo e io questo da lei non me lo aspettavo proprio. È stata forse la delusione o forse la rabbia, non lo so. Eravamo in camera sua, io le ho dato una spinta, lei **si è appoggiata** ai libri sul tavolo, ma è caduta ugualmente ed è..."

"È svenuta, appunto. Lei è un medico, avrà capito subito che la signora non era morta. Invece di aiutarla, però, ha approfittato di quel momento per liberarsene per sempre. L'ha messa nella vasca per far credere a un incidente e, quando la signora è annegata, ha lasciato l'appartamento. Il mattino dopo è tornato per dare il Suo aiuto alla polizia. Avanti, dottore, ammetta che è andata così!"

piano *m*	Plan
appoggiarsi	sich (auf)stützen
tremare	zittern
stupore *m*	(Er-)Staunen
disprezzo *m*	Verachtung

Lo squillo improvviso del telefono spaventa sia il medico che Petrella.

L'avvocato si interrompe, pensa già che sia Ragnetti a chiamare.

Fiorini va al telefono, ma quando vede il numero sul display, non risponde.

Si gira verso Petrella e dice con la voce che **trema**: "È mia moglie. Sicuramente sta venendo qui e allora saprà tutto. Vedo già la scena: lei non griderà, non piangerà, mi guarderà in silenzio, con **stupore** e **disprezzo** e per me sarà ancora peggio...No, non posso incontrarla, non adesso. Non le devo spiegare niente. Perché poi? Lei non capirebbe. Per favore, avvocato, mi accompagni in commissariato prima che arrivi, non me la sento di guidare."

Capri: omicidio sotto il sole

Roberta Rossi

1 In Piazzetta

"Correte! Correte! Correte!" dice uno spazzino immigrato senegalese che sta pulendo l'esterno di uno dei ristoranti più famosi della Piazzetta.

omicidio *m*	Mord
spazzino *m*	Müllwerker
scopa *f*	Besen
bidone *m*	Mülltonne
spazzatura *f*	Müll, Abfall
funicolare *f*	Drahtseilbahn
scorgere	erblicken
pittoresco	malerisch
cortile *m*	(Innen-)Hof
medioevale	mittelalterlich
tortuoso	kurvenreich

Non crede ancora ai suoi occhi, quando vede due gambe dietro l'angolo della casa, dentro cui si trova il ristorante.

Ha spinto con la scopa tra i bidoni e i sacchi della spazzatura e da lì le ha notate.

È mezzogiorno e la Piazzetta, come i tavoli dei ristoranti e dei caffè, è piena di gente.

I turisti di tutte le nazionalità [i] e le lingue del mondo cominciano ad arrivare da Marina Grande con la funicolare o in taxi alla piazza Umberto I, detta "La Piazzetta". È il centro di Capri e il punto d'incontro turistico e mondano.

> **Substantive**, die auf dem letzten Buchstaben mit einem **Akzent** enden, bleiben im Singular und Plural unverändert: **la nazionalità, le nazionalità; la città, le città; il caffè, i caffè; l'università, le università.**

Sullo sfondo si scorge la Torre dell'Orologio vicino alla pittoresca chiesa di S. Stefano, mentre la piazza è chiusa, come un cortile.

Intorno a essa c'è il quartiere medioevale, che è caratterizzato da molte tortuose stradine.

Lo spazzino si abbassa e vede una ragazza, mentre le sue urla hanno attirato tutta l'attenzione della gente sulla piazza, che, essendo così piccola, è quasi un "salotto".

> Einige (wenige) Substantive haben im Italienischen zwei **verschiedene Pluralbildungen.** In manchen Fällen ändert sich die Bedeutung des Wortes, z. B. **l'urlo → gli urli** (Geschrei vor allem von Tieren)/**le urla** (Schrei im Allgemeinen).
> Bei anderen Substantiven gibt es verschiedene Pluralbildungen ohne Bedeutungsänderung: z. B. **il ginocchio → i ginocchi/ le ginocchia.**

Intorno a lui e al corpo della sconosciuta ci sono diverse persone.
Lo spazzino lascia cadere la scopa e si avvicina a lei.
È una bella ragazza, dagli occhi verdi e dai lunghi capelli neri. Indossa un vestito bianco, che sembra in parte strappato.
La sua pelle è sporca di sabbia, anche sul viso, e graffiata. Forse ha combattuto per difendersi.
Gli occhi sono aperti e il suo sguardo è fisso verso il vuoto.
È chiaramente senza vita.
"Chiamate qualcuno! Chiamate un'ambulanza!" dice una signora dall'accento francese coprendosi la bocca subito dopo con una mano.
Tutti gli altri vicino a lei sembrano scioccati.
Lo spazzino si china sulla ragazza. Cerca di comporle le gambe che sono aperte e di tirare giù la sottana che è chiaramente alzata.
Nota una leggera striscia di sangue tra le gambe.
Le chiude anche gli occhi aperti.

abbassarsi	sich bücken
urlo *m*	(Ge-)Schrei
attirare	anziehen
avvicinarsi	sich (an)nähern
indossare	anhaben
strappato	zerrissen
graffiato	zerkratzt
combattere	kämpfen
sguardo *m*	Blick
chinarsi	sich niederbeugen
comporre	*hier*: zurechtlegen
sottana *f*	(Unter-)Rock
sangue *m*	Blut

Esercizio 1: Plurale. Setzen Sie die Substantive in den Plural (mit Artikel)!

1. lo spazzino ______________________
2. l'immigrato ______________________
3. il ristorante ______________________
4. la nazionalità ______________________

"È troppo tardi... Credo che a questo punto possiamo solo chiamare la polizia," dice, guardando triste la donna.

"Dal paese dove vengo io queste cose capitano tutti i giorni. Ma non pensavo a Capri... E così sotto il sole..."

"Meglio non toccare nulla... chiamo la polizia," aggiunge un altro ragazzo del luogo. "È possibile che nessuno l'abbia vista? Così sotto il sole?" chiede il ragazzo.

"Era nascosta sotto i sacchi della spazzatura. Se non li avessi spostati con la scopa, non l'avrei vista nemmeno io..." spiega lo spazzino.

capitare	passieren
toccare	anfassen, berühren
aggiungere	hinzufügen
spiegare	erklären
accorgersi	bemerken
principiante *m/f*	Anfänger
proprietario *m*	Besitzer, Eigentümer

Intanto attorno a loro si è formato un piccolo gruppo di persone.

"Ma nessuno si è accorto di nulla?" chiede la signora con l'accento francese, che parla un italiano da principiante.

"Capri è uno dei posti più belli del mondo! Sarà stato [i] un incidente!" dice il proprietario di un ristorante, avvicinandosi anche lui agli altri.

"Ho chiamato la polizia e hanno detto che saranno qui tra cinque minuti. Intanto consiglio a tutti di mantenere la calma. Sono sicuro che si può spiegare tutto. Tornate ai vostri tavoli, continuate a mangiare," dice alla gente, cercando forse di calmare la situazione. Ma dietro le sue parole si sentono solo parole di protesta, a parte un paio di turisti giapponesi che, forse non capendo nulla di quello che ha detto, tornano al proprio posto.

> Mit dem **Futur** kann man auch eine Vermutung ausdrücken, wie in diesem Fall: **Sarà stato un incidente**! – Es wird wohl ein Unfall gewesen sein.

"Ma è impazzito?" grida la signora francese adesso tutta rossa in viso. "E se fosse tua figlia, Alessandro? Cosa diresti allora?" grida la proprietaria di un altro ristorante che è riuscita a spingersi avanti e ad arrivare a pochi passi dal cadavere. "No, era solo per dire qualcosa... Per cercare di calmare la gente," ribatte lui. Prende la donna da parte.

mantenere	bewahren
impazzire	verrückt werden
viso *m*	Gesicht
spingersi avanti	sich vorschieben
ribattere	erwidern

Esercizio 2: Lettere in disordine. **Bringen Sie die Buchstaben in die richtige Reihenfolge!**

1. sapaztauzr ____________________
2. asocp ____________________
3. argazaz ____________________
4. iochco ____________________

"Insomma, Luigina, siamo in piena alta stagione... Credi che abbiamo bisogno di un omicidio in Piazzetta? Vuoi vedere tutti i turisti scappare gridando al serial killer?" le sussurra in un orecchio, in modo che gli altri non sentano.
"Cosa state dicendo tra di voi?" chiede un'altra ragazza del luogo che lavora come cameriera.
"Ma come, Alessandro? Non la riconosci? È Serena!!!" grida e si abbassa piangendo su di lei.
"Serena! La figlia del mio amico Alberto di Milano? L'ingegnere? Adesso sì che ho i miei problemi!!! Suo padre me l'aveva affidata per l'estate. È una studentessa di Economia e Commercio all'università di Milano. Era venuta a lavorare a Capri per l'estate solo per fare un'esperienza e passare una vacanza qui... Non ci posso credere..."
Si abbassa su di lei per vederla meglio.
"È davvero lei, ma così pallida, in queste condizioni, davvero non la riconosco più..."
Intanto l'altra ragazza che fa la cameriera e si chiama Lucia sta cercando di stringerla a sé. Sta provando a svegliarla.
"È inutile," dice lo spazzino.

Esercizio 3: Traduzione. Lesen Sie weiter und übersetzen Sie die markierten Wörter!

"È **1. tot** ________, Lucia. Lasciala andare... Non serve a niente."

Alessandro, che è un uomo molto **2. groß** ________, dalla struttura molto robusta, si sta mettendo le mani nei

3. Haare ____________. E dice **4.** Wörter ____________ che quasi non si capiscono.

"E adesso che cosa dico a suo padre?" continua a **5.** wiederholen ____________.

"Ma come è potuto succedere?" grida allo spazzino.
"Non lo chiedere a me, anch'io non capisco, perché a Capri non succede mai niente di questo genere. Ma l'isola è molto piccola. Sono sicuro che si troverà presto il **colpevole**," dice convinto.
Nel frattempo intorno a loro si sono formati piccoli gruppi che stanno parlando.
Alcuni hanno deciso di andarsene, altri invece continuano a rimanere e a guardare.
"Qualcuno ha visto qualcosa?" urla un pescatore a tutti.
"Sono di Capri e ne sono **fiero**, ma vi **assicuro** che nei miei sessant'anni non è mai successa una cosa del genere. E alla luce del giorno, sotto il sole!" dice.
Si sentono commenti in diverse lingue.
"Vi prego, fatemi passare, sono un medico," dice un uomo sui quarant'anni dai capelli grigi.
Indossa una camicia bianca e un paio di jeans, sotto cui si vede un paio di scarpe da ginnastica rosse, sporche di sabbia.
Si china sulla ragazza morta e cerca di **esaminarla** attentamente.

scappare	fliehen
sussurrare	flüstern
piangere	weinen
affidare	anvertrauen
(gli studi di) Economia e Commercio	Volkswirtschaftslehre
pallido	blass
stringere	drücken
inutile	*hier*: sinnlos; nutzlos
colpevole *m*	Schuldiger
fiero	stolz
assicurare	versichern
esaminare	untersuchen

"Forse è veramente meglio aspettare che arrivi la polizia," propone adesso Alessandro, che è diventato pallido in viso.

È chiaramente molto preoccupato.

"Di cosa ti preoccupi? Non sei normalmente uno che si occupa degli altri..." gli domanda curiosa l'altra proprietaria di ristorante.

"Non capisci? Suo padre è uno dei miei più grandi investitori!"

"Ma non si sente triste per il destino di questa povera ragazza? Avrà forse vent'anni!" dice una donna straniera con forte accento tedesco.

proporre	vorschlagen
destino *m*	Schicksal
contuso	geprellt
violentare	vergewaltigen
parere	scheinen
sconvolto	erschüttert

"Ventidue, signora!" risponde Alessandro, molto arrogante.

"E lei si faccia i fatti Suoi!" aggiunge.

La donna si arrabbia e se ne va.

"Luigina, ma possibile che parlino tutti italiano su quest'isola?" sussurra a bassa voce alla sua collega.

"Per favore, Alessandro! Stai parlando sul corpo ancora caldo di questa ragazza!" risponde lei.

Tra la gente qualcuno si è anche messo a piangere.

Il medico spiega: "Questo cadavere è qui da molto tempo... La ragazza è morta diverse ore fa e non credo nemmeno qui. Ce l'hanno portata qui, credo. E penso che sia caduta diverse volte prima o dopo la morte, perché il corpo è contuso. Inoltre..."

"Inoltre?" interroga ancora Alessandro mentre Lucia piange in silenzio, in piedi accanto a lui.

"Inoltre: ci vogliono esami più dettagliati, ma credo che la ragazza sia stata violentata," conclude il medico.

"Era così contenta di essere arrivata a Capri," dice Lucia piangendo. "Io sono di qui, sono abituata a vedere il mare, ma lei era così felice! Era tanto contenta di poter passare tutta l'estate al mare!"

Adesso anche Alessandro pare seriamente sconvolto.
"L'hanno anche violentata? Ma come è possibile?"
Si sentono le voci tra i presenti, qualcuno cerca di spingersi più avanti per vedere meglio.
Nel frattempo si sente la sirena della polizia che finalmente sta arrivando sulla scena del crimine.

2 Una notte di divertimento

Luca cade da un lato del letto sul pavimento.
È mezzogiorno, ma ieri sera hanno fatto molto tardi e sono tutti ancora addormentati, dopo la lunga notte di divertimento.
Sul letto ci sono altri due ragazzi: Davide ed Ernesto.
Su un altro letto, dal lato opposto di una grande stanza dormono Ludovica e Alberta, ognuna su di un lato.
C'è anche un letto a castello in un altro angolo della grande stanza, sul cui letto in basso non ha dormito nessuno.
Sopra la coperta si vede un pigiama rosa.
Luca si alza dal pavimento.
Indossa solo un paio di boxer. Apre la finestra, da cui entra la luce del sole molto forte.
Tutti gli altri ragazzi si lamentano. Vogliono ancora dormire perché sono stanchi.
Davide, che è un ragazzo magro e alto, con i capelli castani lunghi, è l'unico che continua a dormire.
"Ma è già giorno?" chiede Alberta, un bella ragazza bionda dagli occhi castani.
"Per favore, Luca, chiudi quella finestra!" grida Ludovica.
"Ma non vedi che stiamo ancora tutti dormendo? E poi siamo in vacanza, ti sei dimenticato? Non all'università! Voglio divertirmi e non pensare a niente! Chiudiiiiii!"
"Che sonno!" dice Alberta.
Luca chiude la finestra in modo da far entrare meno luce.

Esercizio 4: Gerundio. Bilden Sie die Sätze mit dem Gerundium (Verlaufsform)!

1. (andare 1. P. Sg.) ___*Sto andando*___ a cena.
2. (bere 2. P. Sg.) ______________ molto vino.
3. (scrivere 1. P. Pl.) ______________ un'e-mail.
4. Cosa (mangiare 2. P. Pl) ______________?
5. (fare 1. P. Pl.) ______________ la spesa.

"Ben fatto..." dice Ernesto in un linguaggio che proviene ancora dal mondo dei sogni e che non è molto chiaro.

Luca va in bagno e va sotto una doccia fredda.

Sul suo corpo si nota un tatuaggio su una spalla.

Lui sta studiando da avvocato, ma ama gli sport.

In particolare, gli piace molto nuotare e fare pesi, oltre che andare a cavallo e praticare lo sci d'acqua.

letto *m* a castello	Etagenbett
lamentarsi	sich beschweren
fare pesi	Kraftsport treiben
trasferirsi	umziehen

È nato e cresciuto a Venezia, mentre gli altri suoi amici sono tutti di Milano.

Luca si è trasferito a Milano per studiare, ma gli manca Venezia e la vita di mare.

Per questo quando alcuni suoi amici gli hanno proposto di venire a fare vacanza a Capri, lui ha subito accettato, anche se non li conosceva molto bene.

"Ma si vive una volta sola nella vita!" si è detto.

Ma adesso si è un po' pentito della sua decisione, perché gli altri ragazzi non fanno altro che bere e fare festa ogni sera fino alle prime ore del mattino.
La loro vita si svolge tra i bar e i locali notturni di Capri. Ad agosto sono molto affollati. Nel pomeriggio, quando si svegliano, vanno a prendere il sole in spiaggia o a dormire ancora su un lettino sotto l'ombrellone per avere di nuovo l'energia per uscire la sera.
Qualcuno di loro nuota anche, ma sono interessati soprattutto a divertirsi con lunghe serate notturne.

Esercizio 5: Parole della stessa famiglia. Welche Substantive haben denselben Stamm wie die Verben?

1. notturno ________________
2. vitale ________________
3. rispondere ________________
4. serale ________________

Una sera hanno fatto anche il karaoke in un locale.
È stato divertente, ma Luca ha voglia di fare più sport o di andare anche alla scoperta dell'isola.
È da una settimana che è lì e ha fatto molte feste sulla spiaggia, in cui ha conosciuto quasi tutti quelli che abitano a Capri e moltissimi turisti. Non è ancora riuscito però, per esempio, ad andare ad Anacapri (i), l'altra località dell'isola.

> Es gibt zwei Ortschaften auf der Insel: **Capri** und **Anacapri**. Die Gemeinde Anacapri liegt 275 Meter über dem Meeresspiegel auf dem westlichen Teil der Insel.

Capri è davvero stupenda, con un mare azzurro intenso e spiagge di sassetti che rendono l'acqua ancora più trasparente, per questo gli piacerebbe conoscerla meglio.

Dopo averlo pensato, esce dalla doccia e apre ancora la finestra, facendo adesso entrare davvero tutta la luce.

"Basta, ragazzi! Oggi affittiamo una barca o una bicicletta e andiamo alla scoperta dell'isola!" propone pieno di entusiasmo.

"Noi abbiamo un impegno," dice Ludovica che si sta svegliando ora un po' alla volta.

pentirsi di qc.	etw. bereuen
svolgersi	sich abspielen
affollato	überfüllt
rendere	*hier*: erscheinen lassen
impegno *m*	Verpflichtung
sparso	verstreut
antiruga	Anti-Falten
↯ seccato	genervt

"Quale? Viviamo talmente a stretto contatto! So che non avete incontrato altri ragazzi..." commenta Luca.

"Andiamo a fare shopping!" dice Ludovica.

"Ancora?" domanda Ernesto che per lo shock si è svegliato pure lui adesso.

"Ma non abbiamo già abbastanza cose vostre qui in questa stanza? Voi donne non siete mai contente!" dice Davide.

"Avete preso possesso dell'intero bagno e dell'intera stanza con tutti i vostri vestiti, make-up, accessori sparsi sul pavimento e sull'unico divano che abbiamo!"

"E perfino nel frigorifero! Invece di comprare da mangiare come le donne di una volta, ci avete messo delle creme per il viso!" aggiunge e, arrabbiandosi, si sveglia anche del tutto.

"Sono le nostre creme antirughe. E molto costose, se ti interessa, per questo devono stare nel frigorifero!" dice Ludovica chiaramente seccata.

"Antirughe a ventitré anni?" interviene adesso anche Luca che si è seduto sul divano, facendosi spazio tra i vestiti delle ragazze.

"Bisogna **prevenire**, caro amico. Prevenire. Così magari quando ho quarant'anni non devo fare il botox!" spiega Ludovica.
Alberta ride e si mette un **cuscino** sulla testa per non sentire.
È ancora un po' addormentata e non vuole **partecipare** a queste discussioni.
"Voi donne pensate solo alla chirurgia plastica! **Seni**, labbra... Ormai è tutto falso!" dice Ernesto. Guarda Davide che fa un **cenno** di **condivisione**.
Ernesto e Davide sono cugini e Davide è l'unico trentenne che sta studiando per prendere una **laurea** in Economia e Commercio, insieme agli altri, ma al tempo stesso lavora da anni come barista in un locale.
Si è sempre trovato meglio con la gente più giovane di lui, forse perché gli piace molto uscire la sera e andare in discoteca.
Altri suoi amici trentenni sono invece sposati con figli e non hanno più voglia di farlo.
Luca li fissa serio. Non capisce come possano avere voglia di parlare di questi temi appena svegli.
"Le donne hanno cominciato a fare la chirurgia estetica per essere accettate da voi uomini ed essere amate, anche se diventano vecchie!" dice Alberta, **lanciando** adesso il cuscino sulla testa di Davide.
A questo punto Ernesto salta in piedi con il suo cuscino, corre verso Ludovica e i due **si prendono a cuscinate**.
La stessa cosa fanno gli altri, a parte Luca che li osserva dal divano.
I ragazzi **si inseguono**, con **piume d'oca** che volano **ovunque**.

prevenire	vorbeugen
cuscino *m*	Kissen
partecipare	teilnehmen
seno *m*	Busen
cenno *m*	Wink, Zeichen
condivisione *f*	*hier*: Zustimmung
laurea *f*	Hochschulabschluss
lanciare	schmeißen
prendersi a cuscinate	eine Kissenschlacht machen
osservare	beobachten
inseguirsi	sich verfolgen
piuma *f* **d'oca**	Gänsedaune
ovunque	überall

Alla fine della cuscinata finiscono tutti stanchi a terra ridendo. Luca li osserva, ma adesso ha un'aria **preoccupata**.

"Luca, sei troppo serio per noi! Perché non ti lasci andare per una volta? Sei l'unico che trovo carino qui... Sei un bel ragazzo, sei intelligente... Ma perché sei sempre così... serio! Rilassati!" grida Ludovica.

Luca li fissa e sta in silenzio.

"Ragazzi, dov'è Serena?" domanda lui.

"Non so voi, ma io non ricordo assolutamente più nulla di ieri sera, dopo che abbiamo cominciato a mescolare la vodka con il limoncello [i]."

Limoncello ist ein typisch süditalienischer Zitronenlikör, der vor allem am Golf von Neapel, der Amalfiküste und auf Sizilien hergestellt wird. Er ist von auffallend gelber Farbe und wird normalerweise eiskalt getrunken.

Ludovica ora guarda il letto intatto di Serena. E ha un'espressione preoccupata.

Chiude gli occhi e cerca di ricordare: "L'ultima cosa che ricordo è che era sulla spiaggia, eravamo tutti insieme alla festa. Poi abbiamo cominciato a bere e le cose sono più confuse."

"Io ho preso l'ecstasy. Non chiedetemi nemmeno chi ero ieri sera, perché non ricordo..." dice Davide.

"Avrai fatto sesso, come al solito, con qualche turista sconosciuta che poi **hai abbandonato** nella sua camera d'albergo..." ribatte Ernesto.

preoccupato	besorgt
abbandonare	*hier*: allein lassen

"Davide, a me pare di avere visto Serena con te l'ultima volta," dice Alberta, che sembra essere quella che si preoccupa di meno. "Sono sicura che Serena sarà da qualche parte dell'isola o con qualcuno e che ci raggiungerà più tardi. Propongo di... andare tutti in spiaggia, adesso!" dice entusiasta.

Esercizio 6: Futuro semplice. **Wandeln Sie die Sätze in das Futur I um!**

1. Oggi parlo con la maestra di scuola.

   Oggi parlerò con la maestra di scuola.

2. Devo dare questo libro alla mia amica.

   ____

3. Cerchiamo l'errore insieme.

   ____

4. Andate insieme in spiaggia?

   ____

"Sìììììì!!!!" gridano tutti gli altri in coro, tranne Luca, che sembra davvero molto pensieroso.

Cerca di ricordare, ma da quando è arrivato a Capri ha bevuto davvero ogni sera. E troppo.

Non gli piace non ricordare quello che ha fatto la sera prima, ma gli è già capitato un paio di volte.

Di solito di più con la tequila, ma pare che pure il limoncello mescolato con altro alcool abbia un brutto effetto su di lui.

noioso *m*	Langweiler
sbattere	zuschlagen

"Ok, ragazzi, voi fate pure. Io vado a cercare Serena!" dice deciso.

"Insomma, Luca, sei sempre il solito noioso! Non cambierai mai. Ma se non ti diverti adesso! Quando lo farai? A quarant'anni?" grida Ludovica, mentre lui esce e sbatte la porta dietro di sé.

3 Un'idea geniale

Tom Louise, star dei film d'azione di Hollywood, è appena tornato sul suo yacht insieme alla sua nuova moglie, la quarta, Elaine. È anche lei attrice come lui, e modella.

È stato lui a far contattare dal suo agente l'agente di lei e a chiedere di conoscerla, dopo aver visto una sua fotografia in bikini su una rivista di moda.

Si sono sposati sulla Costa Amalfitana dopo solo un mese che si conoscevano e hanno deciso di trascorrere la luna di miele su uno yacht, che è grande quanto un appartamento di lusso, presso Capri.

Die **Blaue Grotte** ist eine Höhle im Nordwesten der Insel Capri, die vor allem wegen der intensiv blau schimmernden Wasserfarbe des Meeres bekannt ist.

"Oh Tom, la gita nella Grotta Azzurra [i] è stata davvero straordinaria! Non ho mai visto così tante sfumature di colore celeste in una sola volta," dice Elaine.

"Solo per te, amore mio. Volevo portarti in uno dei miei posti preferiti. Dobbiamo solo stare attenti a non essere riconosciuti, per questo uso sempre questa bandana con grandi occhiali neri e ho consigliato anche a te di fare lo stesso..." spiega Tom.

sposarsi	heiraten
trascorrere	verbringen
luna *f* di miele	Flitterwochen
sfumatura *f*	Nuance
celeste	himmelblau
bandana *f*	*hier*: Kopfbedeckung
anonimato *m*	Anonymität

"Ma, amore, più in anonimato di così! Mi hai fatto alzare alle cinque di mattina per andare da soli, con una guida privata, a vedere questa grotta. Non so nemmeno quanto ti è costato! Anche se so che i soldi non sono di certo il tuo problema (i)... " protesta lei.

"Elaine, so che l'hai fatto per me. So che di solito non ti alzi mai prima di mezzogiorno. In particolare da quando sei diventata mia moglie! Non hai più voglia di lavorare, ma a me non importa. Mi piace l'idea di mantenerti, che la mia donna stia a casa e cucini per me!" confessa lui.

"Dimenticalo, amore..." dice lei, mentre in piedi vicino a lui si sta limando le unghie dipinte di rosso.

"Davvero? Nemmeno una torta o un piatto di pasta qualche volta... Sai, gli spaghetti sono facili da cucinare e mi accontento di un po' di salsa al pomodoro... Tanto per mangiare almeno una volta a casa, invece che al ristorante..." risponde lui.

"Assumiamo un cuoco, se vuoi cucinare a casa! Io mi devo dedicare alla cura del mio corpo. Perché tu mi vuoi sempre bella e in forma! Per questo ho bisogno anche di dormire tanto! Amore, lo faccio solo per te!" dice lei.

Lui ride, sa che non l'ha sposata di sicuro per le sue capacità culinarie.

È riuscita perfino a bruciare un paio di uova che aveva provato a cucinargli per colazione.

(i) Einige **Substantive** enden auf **-a**, obwohl sie männlichen Geschlechts sind.
Meist handelt es sich um Begriffe, deren Ursprung im Griechischen liegt.
Z. B. **il problema, il panorama, il sistema.**

mantenere qu.	jmd. (finanziell) unterhalten
confessare	gestehen
limare	feilen
unghia *f*	Nagel
accontentarsi di qc.	sich mit etw. begnügen
assumere	einstellen, anstellen
dedicarsi a qc.	sich etw. widmen
bruciare	verbrennen

"Vuoi del limoncello, piuttosto?" chiede lei, indicando un frigorifero poco distante.

"No, non ancora, sto finendo il mio whisky con ghiaccio," risponde lui e beve un sorso.

"Io credo di averne bisogno, è freddissimo e mi dà energia. Mi serve per riprendermi..." dice lei.

Se ne versa un bicchierino e beve.

piuttosto	*hier*: hingegen
indicare	zeigen (auf)
sorso *m*	Schluck
versare	einschenken
sacrificio *m*	Opfer

"Questa mattina abbiamo dovuto fare questo sacrificio e alzarci così presto. Altrimenti rischiavamo troppo. Ci potevano seguire i fotografi. Hai visto cosa è successo a quella principessa inglese? La sua macchina è stata inseguita dai paparazzi in motocicletta, il suo autista ha perso il controllo e lei è morta! Vuoi fare la stessa fine?" domanda lui preoccupato.

Esercizio 7: Imperativo. Übersetzen Sie folgende Aufforderungen!

1. Vergiss es!

____

2. Gehen wir zur Grotte!

____

3. Lieb mich!

____

4. Mach es für mich!

____

Alza appena gli occhi dal giornale, che pare molto interessato a leggere.
"No, no! Sai che sono terrorizzata dai paparazzi!"
"Non ti preoccupare adesso, in fondo hai lavorato come fotomodella!"
"Ma, Tom, non capisci! È completamente diverso nel lavoro e nella vita privata! È orribile quando qualcuno **invade** la tua vita privata!"
"Lo so, amore, lo so. È il lato negativo di essere una star! Piuttosto, ascolta: ho avuto un'idea geniale!"
La prende sulle sue gambe e la spinge a leggere un articolo sul giornale.

invadere	*hier*: eindringen
ammettere	zugeben
violenza *f* carnale	Vergewaltigung
lacrima *f*	Träne
gommone *m*	Schlauchboot
guardia *f* del corpo	Leibwächter

"Sai che non capisco l'italiano!" protesta lei, cercando di leggere.
Riconosce poi la ragazza nella fotografia.
"Ma non era la cameriera del nostro ristorante preferito nella Piazzetta di Capri?" chiede lei.
"Infatti..." **ammette** lui dispiaciuto.
"È stata così gentile. Ci ha fatto gli auguri, perché sapeva che ci eravamo appena sposati. Lo aveva letto su una rivista. Ed era una tua fan, aveva visto tutti i tuoi film..."
"Infatti..." ripete lui.
"Sapeva che tu hai imparato l'italiano dopo aver girato quel film sugli antichi romani a Roma. Non capisco... Le è successo qualcosa di brutto...?"
Si guardano negli occhi per un attimo e poi Elaine capisce.
"È morta?" domanda scioccata.
Tom non risponde. Non ha il coraggio di dire di sì, ma le fa un cenno con la testa.
"Sembra di sì," dice lui, "o molto più probabilmente è stata uccisa," aggiunge poi convinto.

"Nell'articolo il giornalista parla addirittura di violenza carnale."
"Cosa? A Capri? In mezzo a tutti questi personaggi famosi? Ma come è possibile? Siamo buona gente noi star, non facciamo cose del genere! Sarà stato sicuramente un italiano... Gli italiani pensano sempre al sesso!" dice Elaine.
"Almeno loro lo fanno! È da quando ci siamo sposati, Elaine, che tu hai sempre il mal di testa!" confessa lui.
"La pazienza è un'arte, caro Tom. E tu, come attore famoso e di talento, dovresti saperlo!" dice lei seccata.
Si alza e guarda verso la Piazzetta di Capri che vede chiaramente dal loro yacht.

Esercizio 8: Buono (aggettivo) o bene (avverbio)? Setzen Sie ein!

1. Come stai? Sto molto ____________________.
2. Che pizza! È molto ____________________.
3. So parlare molto ____________________ l'italiano.
4. Fa ____________________ alla salute fare un po' di jogging.
5. Ti auguro una ____________________ giornata!

"Pare impossibile che qualcosa di così brutto possa succedere in un posto tanto bello," dice lei con le lacrime agli occhi.
Guarda poi verso il mare, dove si sta muovendo qualcosa che viene sempre più velocemente verso di loro.
È una barca. O meglio, un gommone.
Una delle guardie del corpo, che controllano sempre lo yacht e vivono praticamente con loro, lo sta guidando.

A bordo del gommone ci sono due uomini.

“Serviva solo la star hollywoodiana, caro Gigi! Così davvero abbiamo dei problemi, perché se non **risolviamo** al più presto questo caso finiamo su tutti i giornali! E le nostre carriere sono rovinate!” dice il commissario Facchinotti al suo assistente, Gigi Rocati.

Gigi si mette le mani nei capelli.

“Ma commissario! Parla sul serio?” dice guardandolo con gli occhi preoccupati.

“Ma Lei ha risolto già molti casi difficili, per questo ci hanno chiamato da Napoli fino a Capri, perché sanno che Lei saprà risolvere questo **mistero**!” aggiunge poi Gigi più **sereno**.

“È un caso che sento molto vicino, ho una figlia della stessa età a cui dico di non prendere mai droga e di non bere troppo. Ma sai, i giovani al giorno d’oggi vogliono fare come vogliono loro,” commenta il commissario.

risolvere	(auf)lösen
mistero *m*	Rätsel
sereno	ruhig, heiter
sovrappeso	übergewichtig
sbucare	*hier*: hervorquellen
indagine *f*	Ermittlung

“Non dimenticherò mai gli occhi del padre, quando ha visto il corpo della ragazza. È venuto da Milano per vederla in quello stato. La madre era morta di leucemia quando lei aveva solo cinque anni. Quindi la figlia era l’unica cosa che gli restava di lei e ha perso anche quella,” dice Gigi.

Il commissario è basso e un po’ **sovrappeso**, con una pancia rotonda che **sbuca** dall’abito nero.

Abbassa gli occhi verso il mare, con uno sguardo triste e molto preoccupato.

Non commenta al momento, ma appena sono più vicini allo yacht si lascia sfuggire un pensiero.

“Stiamo per conoscere una delle più grandi star americane. Mia moglie e mia figlia mi hanno detto tantissime cose su di lui, ma quello

che vediamo ora non lo possiamo dire a nessuno. Deve rimanere solo tra di noi, chiaro?" spiega il commissario.
"Certo," risponde sinceramente Gigi.

Esercizio 9: Cruciverba. Übersetzen und lösen Sie das Kreuzworträtsel!

Verticali

1. Wahrheit

3. Hund

4. Strand

Orizzontali

2. Erfahrung

5. Vormittag

"Ma è vero che vuole seguire le indagini con noi?" domanda poi Gigi.
"Dice che ha avuto questa idea geniale di come possa essere successo il crimine. Dice che gli ricorda troppo un suo film e che è convinto di poterci aiutare a risolvere il caso. Dice che è stato così

fortunato nella vita che vorrebbe poter aiutare gli altri e questo gli pare il momento più adatto," continua il commissario.

"Ma si crede un **supereroe**?" chiede Gigi con sarcasmo.

"Lo è nei suoi film..." ribatte il commissario.

"Beh, a questo punto mi pare che **confonda** un po' troppo la realtà con la fantasia..." dice Gigi, controllando di avere la pistola al suo posto.

supereroe *m*	Superheld, Supermann
confondere	*hier*: verwechseln
a proposito	übrigens

"Beh, vediamo cosa ci dice..." ammette il commissario, adesso sempre più curioso di sapere come questo attore pensi di aiutarli.

"**A proposito**, dove era lui la notte dell'omicidio?" pone il dubbio Gigi.

4 Amici veri

Luca e gli altri ragazzi hanno scoperto la morte dell'amica non appena sono arrivati in Piazzetta.

Vivevano tutti insieme nell'appartamento che il padre di Serena aveva preso in affitto, quando aveva deciso di far lavorare sua figlia a Capri per l'estate nel ristorante di Alessandro.

La polizia ha già fatto loro molte domande.

mancia *f*	Trinkgeld
dal vero	in echt
set *m*	*hier*: Filmbühne

Purtroppo non si sono ricordati bene quello che è successo quella notte.

Si sono ricordati di aver lasciato l'appartamento insieme a Serena, che aveva lavorato fino a mezzanotte al ristorante e poi li aveva raggiunti sulla spiaggia per festeggiare insieme a loro fino al mattino.

Era molto felice, perché quella sera era riuscita a mettere insieme molte mance [i] e diceva perfino di aver incontrato quella star di Hollywood, Tom Louise, un suo idolo, che era stato davvero gentile con lei, insieme alla sua nuova moglie. Serena aveva detto più volte che Tom era molto più bello dal vero che sul set.

Tutti i ragazzi, ma in particolare Luca, hanno trovato molto strano che uno dei poliziotti che indossava una bandana in testa quasi

Bei **Substantiven** mit der Endung **-cia** und **-gia** und vorangehendem Konsonanten fällt das **i** bei der Pluralbildung weg. Z.B. **la mancia, le mance.**
Steht dagegen ein Vokal vor **-cia** und **-gia,** dann bleibt das **i** in der Pluralbildung erhalten. Z.B. **la camicia, le camicie.**

come un arabo e dei grandi occhiali neri, avesse fatto delle domande proprio sulle impressioni di Serena per questa star americana. Voleva sapere tutto quello che lei aveva detto su di lui.

Le ragazze, Ludovica e Alberta, erano già molto ubriache quando Serena le aveva raggiunte e si ricordavano a fatica del suo arrivo.

Davide ed Ernesto non hanno raccontato molto alla polizia, anche se erano forse quelli che avevano parlato di più con lei quella notte.

Ma erano molto spaventati.

Era come se temessero qualcosa. E questo li aveva resi i maggiori sospettati da parte della polizia.

Il commissario era quello che faceva meno domande dei tre, perché diceva che non poteva tirare delle conclusioni senza aver avuto i risultati dell'autopsia.

Poi c'era un certo Gigi che faceva domande al suo collega strano, che diceva di chiamarsi Jeff.

Esercizio 10: Lettere in disordine. **Lesen Sie weiter und bringen Sie die Buchstaben in die richtige Reihenfolge!**

Gli **1.** acheedvi ________________ di continuo cosa aveva fatto la notte del **presunto assassinio**, perfino mentre stava interrogando i **2.** zzaagir ________________.
Apparentemente lui aveva un **3.** iilab ________________: la sua donna **aveva testimoniato** che erano stati tutta la **4.** aerast ________________ e la notte insieme.

Anche se Gigi era convinto, come in un thriller fantascientifico che Tom aveva interpretato, che l'attore avesse potuto trovare il tempo di **commettere** in qualche modo il

5. tdlioet ______________.

Il commissario **sospettava di** Alessandro, il proprietario del ristorante. Non gli era mai piaciuto, anche se era stato molto sincero con lui.

Aveva confessato subito e apertamente che non gli importava molto di Serena ed era stato obbligato ad assumerla. Alessandro era solo preoccupato di perdere i soldi del padre di Serena, che era suo finanziatore e **socio** nel ristorante e che da quando la figlia era morta, non voleva più sentire parlare di Capri.

Anzi, aveva proposto ad Alessandro, come lui temeva, di vendere tutto.

Alessandro era quindi **disperato**, perché diceva che il ristorante era tutto quello che aveva.

ubriaco	betrunken
a fatica	mit Mühe
temere	fürchten
presunto	mutmaßlich
assassinio *m*	Mord
testimoniare	bezeugen
commettere	begehen
sospettare di qu.	jmd. verdächtigen
socio *m*	Gesellschafter
anzi	im Gegenteil
disperato	verzweifelt
affezionarsi a qu.	jmd. lieb gewinnen

"Tutti pensano male di me, commissario, ma Lei deve cercare di capire anche la mia posizione. Ogni mese arrivano qui cameriere nuove e non posso seguire tutte le loro storie, non **mi** posso **affezionare a** ognuna di loro. Mi dispiace per questa ragazza, ma in

fondo non avevo nulla in comune con lei. Quasi non ci parlavamo alla fine. Lavorava solo per me. Se in passato ho avuto storie con le mie cameriere? Sarò totalmente sincero con Lei: adesso vado di tanto in tanto a letto con Lucia, l'amica di Serena. So che è molto giovane, potrebbe essere mia figlia, ma così sono io. Ma Le posso assicurare che non ho ucciso io Serena! Non era il mio tipo e non l'avrei toccata con un **dito**, perché conoscevo suo padre. È come un fratello per me, perché mi ha aiutato in un momento di bisogno."
Alessandro non aveva una famiglia, aveva perso tutti i parenti più vicini dopo che sua madre era morta un paio di anni prima.
Ed era figlio unico. Non aveva fratelli e sorelle.
La sera della morte di Serena, quindi, aveva chiuso il ristorante e diceva di essere andato a casa a guardare la televisione.
Era praticamente l'unico che non aveva un alibi.
E poi c'era Luca, che stava cercando di indagare a modo suo.
Perché Luca aveva un segreto: era da tempo **innamorato** di Serena.
In realtà l'unica vera ragione per cui Luca aveva accettato di venire in vacanza a Capri con quel gruppo di ragazzi era di stare vicino a lei.
E adesso che l'aveva persa, **non si** poteva **dare pace**.
Da quando aveva saputo della sua tragica morte, quasi non parlava più con gli altri, anche se vivevano ancora tutti nello stesso appartamento.

Da quando era arrivato il commissario di Napoli con i suoi uomini, nessuno aveva più potuto lasciare l'isola.

dito *m*	Finger
innamorato	verliebt
non darsi pace	nicht zur Ruhe kommen
attesa *f*	Erwartung
ossessionato	besessen
perdonarsi	sich verzeihen
dividere	teilen
guaio *m*	Ärger
appassionarsi	sich begeistern

Esercizio 11: L'intruso. **Welches Wort ist das „schwarze Schaf"? Unterstreichen Sie!**

1. paura falsità timore spavento
2. sciocco bello meraviglioso stupendo
3. parlare conversare discutere pensare
4. uccidere salvare assassinare togliere la vita
5. lavoro mestiere arresto occupazione

Erano tutti in attesa dei risultati dell'autopsia di Serena.
Ci voleva ancora un giorno, adesso.
E Luca era come ossessionato. Nell'attesa non riusciva a dormire.
Non poteva perdonarsi di aver perso la ragazza che davvero amava.
Spesso si trovava a piangere disperato per la strada e odiava ormai gli altri ragazzi, con cui aveva diviso questa avventura.
E che sentiva quasi come complici di quel crimine, come se stesso.
Il postino sarebbe arrivato la mattina seguente.
Il commissario aveva deciso che avrebbe aperto la busta con la verità sulla morte di Serena davanti a tutti.
Non era certo su chi potesse essere il colpevole, anche se aveva una sua idea.
Tom Louise lo aveva aiutato come aveva potuto, qualche volta creando anche dei guai, ma si era appassionato alla storia.
Si era convinto che il colpevole fosse il proprietario di un famoso hotel.
Lo aveva seguito da mattina a sera, pensando di non essere osservato. Come in un film.

Ma l'uomo, che si era invece sentito osservato per tutto il tempo, una volta lo aveva affrontato chiedendogli chiaramente cosa voleva.
Il proprietario dell'hotel era anche sposato e molto **geloso** della giovane moglie, che aveva quasi dieci anni meno di lui.
Così si era convinto che Tom fosse un amante o uno **spasimante** segreto.
Quando aveva parlato con Tom per fortuna c'erano anche Gigi e il commissario insieme a lui, perché l'uomo era stato piuttosto aggressivo e la **litigata** era quasi finita in una **zuffa**.
Tom aveva perso la bandana che gli **proteggeva** i capelli e gli occhiali.
La moglie dell'albergatore, che aveva seguito la scena dalla finestra, lo aveva riconosciuto ed era scesa anche lei in strada.
Era una fan di Tom, **disposta a** seguirlo ovunque.
Se Tom era molto **imbarazzato**, il marito di lei era diventato ancora più furioso, dando lui un **pugno** a Tom e lasciandogli un occhio nero.
Questo incidente ha causato a Tom un ritardo nella produzione del suo nuovo film, per il quale ha dovuto volare pochi giorni dopo a Montreal.
Ma ormai pareva anche lui, come Luca, totalmente ossessionato dalla morte di Serena.
E questo faceva diventare Gigi ancora più **sospettoso nei suoi riguardi**.
Il commissario d'altra parte **aveva proibito** all'albergatore e alla moglie di parlare della vera identità di Tom.

geloso	eifersüchtig
spasimante *m*	Verehrer
litigata *f*	Streit
zuffa *f*	Prügelei
proteggere	(be)schützen
disposto a	bereit zu
imbarazzato	verlegen
pugno *m*	Faustschlag
sospettoso	misstrauisch
nei riguardi di	in Bezug auf
proibire	verbieten
tradimento *m*	Verrat, Untreue

Su tutta l'isola si era creata così un'atmosfera di sospetto.

Tutti dubitavano di tutti e al commissario venivano riportate storie davvero di qualsiasi genere: tradimenti tra moglie e marito, tra fidanzate e fidanzati, segreti e misteri di famiglia che avrebbero dovuto rimanere oscuri.

Lino Banfi (*11.7.1936) ist derzeit einer der bekanntesten Komiker Italiens. Zuletzt war er im deutschen Sprachraum in dem Film „Maria, ihm schmeckt's nicht!" zu sehen.

Alla fine pareva davvero di essere in una commedia-dramma di Lino Banfi (i), con la morte senza colpevole.

Esercizio 12: La griglia. Finden Sie die sechs Adjektive!

B	R	U	T	T	O	V	F	P	S
I	N	G	U	M	S	U	A	O	I
L	N	U	O	V	O	R	O	G	M
S	O	A	G	I	U	L	V	F	P
I	E	L	E	G	A	N	T	E	A
S	U	U	T	P	O	V	F	L	T
I	N	G	U	M	S	U	A	I	I
L	S	U	O	V	O	R	O	C	C
T	P	A	Z	I	E	N	T	E	O

5 Il proprio destino

La fatidica mattina è arrivata e tutta la gente presente sull'isola è scesa in Piazzetta.
Si è costruito un piccolo pulpito con delle assi improvvisate di legno, da cui avrebbe parlato il commissario.
Mentre, proprio come a teatro – ed è stata un'idea di Tom – si sono messe delle sedie in ordine, prese dai vari locali e ristoranti, dove tutti i presenti si sono seduti, pronti per sentire la triste storia di Serena.
Ormai questo crimine aveva assunto le proporzioni di un grande spettacolo e sull'isola erano arrivati anche tanti giornalisti e fotografi, anche se nessuno sospettava dell'identità di Tom.
Da bravo attore era stato in grado di recitare la sua parte.
Il commissario prende il suo posto, con a destra Gigi e a sinistra Tom, con un paio di occhiali ancora più grandi del solito.
Tutti e tre sono seduti su delle poltrone, prese da un locale notturno vicino.
In prima fila sono seduti i ragazzi, tra cui Luca che guarda tristemente per terra.

fatidico	schicksalhaft
pulpito *m*	Kanzel
asse *f* di legno	Holzbrett
fila *f*	Reihe
disturbare	stören
cattura *f*	Festnahme
atteso	erwartet
tombale	Grabes-
echeggiare	widerhallen
scattare foto	Foto(s) schießen
rivelarsi	sich herausstellen

I giornalisti e i fotografi sono stati messi in un'area a parte, in modo che non possano disturbare l'operato del commissario e l'eventuale cattura dell'assassino.
Tom è molto agitato. Sa che potrebbe essere la sua occasione di prendere l'assassino di Serena con le sue stesse mani, proprio come faceva spesso sul set.
E per la prima volta si trova in una storia reale e non in una finzione.
Quando arriva finalmente il postino sull'isola con nelle mani la lettera tanto attesa con i risultati, che il commissario ha preferito ricevere per corriere espresso invece che per e-mail, scende un silenzio tombale.
Si sentono echeggiare i passi del postino che raggiungono in breve il pulpito, dove il commissario prende velocemente in mano la lettera. La legge e la rilegge prima di dire le prime parole.
Alla fine fissa la gente che lo guarda curiosa di avere notizie, e osserva incerto e spaventato i giornalisti e i fotografi pronti a scattare delle foto.
Poi decide.
"Purtroppo il fatto si è rivelato molto più personale di quanto possiate credere," dice a voce alta, mentre dietro si sentono parole di protesta.

Esercizio 13: Aggettivi. **Ergänzen Sie die Endungen der Adjektive!**

1. Gli amici di Luca sono molto simpatic_____.
2. La camera è molto piccol_____.
3. I giornalisti sono pronti a scattare delle bell_____ foto.
4. Serena era una ragazza molto bell_____ e felic_____.

"Più forte! Non sentiamo nulla qui dietro!" gridano da dietro.

"Credo che dobbiamo andare nel ristorante di Alessandro per discutere alcuni particolari insieme ai ragazzi. Per favore, seguitemi..." fa un cenno ai suoi assistenti, a Luca e agli altri che lo seguono all'interno del locale.

Si siedono tutti intorno a un grande tavolo, mentre da fuori la gente cerca di spingersi verso le finestre per riuscire a vedere dentro.

Gli altri poliziotti, chiamati dal commissario per quella giornata e per aiutare a **contenere** le persone, li **trattengono** dietro un limite di sicurezza.

Non appena sono dentro e al sicuro, il commissario inizia a parlare.

"Pare che Serena sia morta d'infarto. Nel suo sangue si sono trovate tracce di cocaina e di ecstasy insieme. Credo che voi ragazzi possiate spiegare..."

Tom e Gigi protestano quasi insieme.

"Ma come?"

"Ma come, non è stato lui?" dice Gigi.

"Ma come, non è stata assassinata?" chiede Tom.

"**Comportatevi** da uomini e non da bambini," dice il commissario ai due.

contenere	zurückhalten
trattenere	zurückhalten
comportarsi	sich benehmen
arrestare	verhaften
consenziente	einvernehmlich
stupito	erstaunt

"Piuttosto, ragazzi, voglio sapere la verità!" grida al gruppetto.

Luca è molto rosso in viso e grosse lacrime gli scendono dagli occhi.

"Chi di voi ha dato la droga a Serena? Lo voglio **arrestare** con le mie mani!!!" grida Luca.

"Luca, c'è anche qualcosa che riguarda te in realtà..." gli dice il commissario.

Tutti lo fissano, in particolare Tom, che è pronto a intervenire e si sente il sangue pieno di adrenalina.

Lui lo fissa terrorizzato, temendo quello che sta per dire.

Esercizio 14: Preposizioni. Lesen Sie weiter und ergänzen Sie die Präpositionen, falls nötig mit Artikel!

"Pare che Serena abbia avuto un rapporto sessuale 1. ______ te, anche se sembra che non ci sia stata violenza, ma che sia stato consenziente, ma comunque anche tu ci devi una spiegazione..."

Tom batte i pugni 2. ______ tavolo a questo punto.

Si toglie la bandana e grida: "Anch'io voglio giustizia!! Voglio sapere! Ho perso un film 3. ______ sei milioni 4. ______ dollari e un ruolo che probabilmente mi avrebbe candidato all'Oscar 5. ______ scoprire l'assassino di questa ragazza che sento sempre più vicina 6. ______ me, come se fosse parte 7. ______ mio stesso karma!"

Il commissario e Gigi alzano gli occhi al cielo, mentre i ragazzi gridano stupiti, quasi a coro.
"Ma è lui!"
Solo Luca continua a piangere, con la testa completamente tra le mani.

Ludovica si sistema i capelli.
Alberta tira fuori velocemente uno specchietto dalla borsetta e si mette il rossetto.
Ernesto e Davide si guardano preoccupati, perché sanno che il commissario aspetta una spiegazione.
"Allora, ragazzi, per favore! Chiedete dopo gli autografi. Adesso voglio sapere esattamente cosa è accaduto!" grida il commissario.
"Mi ricordo di avere baciato Serena, in riva al mare, ma purtroppo niente di più. Poi c'è il vuoto totale, non ricordo davvero nulla..." confessa Luca.
"Ci credo, ti aveva messo nella bevanda una pastiglia di ecstasy. Un ingenuo come te, Luca, non pensa a queste cose. Serena ci aveva da sempre detto che tu le piacevi, ma eri sempre troppo serio e timido con lei. Così quella sera ci aveva chiesto se le potevamo dare una pastiglia in più da usare con te..." aggiunge Ernesto.

sistemarsi	zurechtmachen
rossetto *m*	Lippenstift
ingenuo *m*	naiver Mensch
timido	schüchtern
pianto *m*	Weinen
aggredire	angreifen
spacciatore *m*	Dealer
galera *f*	Gefängnis

"Non parlare male di Serena, quando lei non c'è più... Io l'amavo!" dice Luca con la voce rotta dal pianto.
"Povero Luca, lo sapevamo tutti, compresa lei, ma lei con te si voleva solo divertire..." aggiunge Ludovica.
"Non parlare male di lei, sei solo gelosa... Voi ragazze siete tutte uguali, sembrate amiche, ma poi alla fine non fate altro che aspettare l'occasione giusta per parlarvi alle spalle, come in uno di quei film di quel famoso regista spagnolo con cui mi piacerebbe tanto lavorare," interviene Tom.
Alle sue parole Ludovica abbassa lo sguardo e non dice più nulla.
"E la cocaina? Anche quella le avete venduto?" chiede Luca, arrabbiato adesso.

Tom cerca di trattenerlo, perché Luca è pronto ad aggredire Davide ed[i] Ernesto insieme.

"No, quella decisamente no. Magari avessimo saputo che l'aveva, l'avremmo presa pure noi!" dice Davide, con Ernesto accanto che lo guarda e ride.

> **E** wird zu **ed** vor einem Wort, das mit einem Vokal (oder auch nur **e**) anfängt, da es einfacher auszusprechen ist. Es ist aber nicht zwingend.

Poi si rendono conto che stanno parlando davanti a un commissario di polizia.

"Ci scusi, commissario. Sa, a volte si parla senza pensare," dice Davide.

"Con voi devo parlare, perché le droghe sono illegali e mi dovete aiutare subito a trovare lo spacciatore, se non volete finire voi in galera," dice Gigi.

"Ben detto, Gigi. Anch'io posso avere molti difetti, essere egocentrico o un uomo dalla personalità complicata, visto che mi sono sposato già quattro volte e ho la sensazione che questa non sarà l'ultima, ma vi assicuro che non ho mai preso una droga in vita mia!" aggiunge Tom.

"Sì, una star di Hollywood, ci crediamo..." commenta sarcastica Alberta.

"Ragazza, ricorda che potrei essere tuo padre, e sì, sono perfino vegetariano e medito almeno un'ora al giorno! Ti basta o vuoi farmi l'esame del sangue per credermi?" ribatte Tom.

Il commissario li osserva e cerca di decidere cosa dire alla gente e alla stampa.

"Quello che abbiamo detto in questa stanza resta solo ed esclusivamente tra di noi. Ho deciso di dire alla stampa che è stato un incidente, che non è colpa di nessuno, che la ragazza aveva una malattia al cuore e che è morta d'infarto dopo aver bevuto un po' troppo. Se uno di voi parla, finisce in galera per complicità nella vendita della droga," dice il commissario.

Esercizio 15: Traduzione. Lesen Sie weiter und übersetzen Sie die markierten Wörter!

"Ma come ha fatto a finire sotto i sacchi della **1.** Müll ______________ e in Piazzetta?" chiede Luca, ancora ansioso di sapere tutta la **2.** Wahrheit ______________. "I medici legali hanno trovato contusioni sulla pelle della ragazza. Pensano che sia caduta diverse volte prima di arrivare in Piazzetta. Era **3.** in der Nähe ______________ al ristorante di Alessandro, dove lavorava... Deve essere **inciampata** e i sacchi le sono caduti addosso. In realtà **4.** niemand ______________ sa veramente quello che è accaduto e nessuno lo **5.** wird es wissen ______________ mai, purtroppo..." conclude il commissario sereno.

Alessandro, che li ha osservati da distante senza dire una parola, arriva con dei **6.** Gläsern ______________ e una bottiglia di limoncello **ghiacciato**.

"Bisogna reagire alla conclusione di un caso, per quanto tragico sia. La vita va avanti."

Il commissario **7.** steht auf ______________ e si avvicina a Luca, che sta ancora piangendo.

Gli mette una mano su una spalla e gli sussurra in un orecchio: "Ricorda che non è colpa tua se Serena è morta. È il destino che l'ha portata via, non tu, e non avresti potuto fare nulla, perché a questo era **predestinata**."
Poi esce sulla Piazzetta, pronto per affrontare il pubblico e la stampa.

inciampare	stolpern
ghiacciato	eisgekühlt
predestinato	vorherbestimmt

Test finale

Soluzioni

Glossario

Indice degli esercizi

Test finale

Opera oscura

Esercizio 1: Articolo determinativo. Setzen Sie den bestimmten Artikel ein!

1. ________________ cinema
2. ________________ macchina
3. ________________ problema
4. ________________ raptus
5. ________________ sopracciglia
6. ________________ mano

Esercizio 2: Modi di dire. Welche Satzteile gehören zusammen? Bilden Sie die richtigen Redewendungen!

1.	☐ Paese che vai	**a)** quel che finisce bene.
2.	☐ Non c'è due	**b)** chi ride ultimo.
3.	☐ Tutto è bene	**c)** senza tre.
4.	☐ Ride bene	**d)** usanza che trovi.

Esercizio 3: Vero o falso? **Welcher Satz ist korrekt? Kreuzen Sie an!**

1. ❒ a) Ronaldo è stato ucciso con un coltello.
   ❒ b) Ronaldo è stato ucciso con una pistola.
2. ❒ a) Il commissario Amicotti è stato graffiato da un gatto.
   ❒ b) Il commissario Amicotti è stato graffiato da una tigre.
3. ❒ a) Rosetta ha lunghi capelli scuri e un fisico grosso.
   ❒ b) Rosetta ha lunghi capelli biondi e un fisico magro.
4. ❒ a) Augusto ama la moglie del macellaio.
   ❒ b) Augusto ama Rosetta.

Esercizio 4: Accenti. **Setzen Sie einen Akzent, wo nötig!**

1. Lo spettacolo comincera alle otto di sera.
2. Perche non facciamo un giro con la Cinquecento?
3. La c'e una pizzeria. Ci andiamo? Si, ho fame!
4. Parma e una bella citta.
5. Si puo andare a piedi dal macellaio.
6. So che e stato lui.
7. Lui e il mio piu grande cliente.

L'ultimo regalo

Esercizio 1: Preposizioni. **Welcher Satz ist korrekt? Kreuzen Sie an!**

1. ❒ a) Teresa non rinuncia alla sua festa di compleanno.
   ❒ b) Teresa non rinuncia con la sua festa di compleanno.

2. ❒ a) Violetta non s'interessa per la musica.
   ❒ b) Violetta non s'interessa di musica.

3. ❒ a) La signora Terenzi non faceva attenzione sulle spese.
   ❒ b) La signora Terenzi non faceva attenzione alle spese.

4. ❒ a) Secondo Mauro Adele è responsabile della morte della nonna.
   ❒ b) Secondo Mauro Adele è responsabile per la morte della nonna.

5. ❒ a) Lo scontrino è caduto la sera del compleanno.
   ❒ b) Lo scontrino è caduto la sera dal compleanno.

6. ❒ a) Lorenzo Petrella si interessa di mobili antichi.
   ❒ b) Lorenzo Petrella si interessa a mobili antichi.

Esercizio 2: Definizioni. **Ordnen Sie den Verben die richtigen Definitionen zu!**

1. ☐ mentire	**a)** andare insieme
2. ☐ accompagnare	**b)** non dire la verità
3. ☐ svenire	**c)** prendere di nascosto qualcosa che è di un'altra persona
4. ☐ rubare	**d)** provare paura
5. ☐ spaventarsi	**e)** perdere i sensi

Esercizio 3: Congiunzioni. **Ergänzen Sie die passenden Konjunktionen!**

1. Violetta va in commissariato ______________ non crede ______________ la morte della madre sia stata un incidente.
2. L'avvocato ha fatto la corte per mesi alla fidanzata ______________ anche lei si è innamorata.
3. Petrella vuole scoprire ______________ Teresa aveva un segreto.
4. ______________ la signora è svenuta, Fiorini ha avuto l'idea dell'omicidio.

Esercizio 4: La parola nascosta. **Welche war Teresas Lieblingsoper? Vervollständigen Sie die Sätze und finden Sie das Lösungswort!**

1. Nel cassetto segreto Petrella trova delle _ _ _ ☐ _ _ _ d'amore.
2. Il dottor Fiorini ha regalato alla paziente un _ _ ☐ _ _ _ _ _.
3. La fidanzata di Mauro si chiama _ _ _ ☐ _.
4. Il cadavere di Teresa è nella _ _ _ ☐ _ _ _ _ _ _ _ _.
5. L'avvocato ha l'hobby dei _ _ _ _ _ _ ☐ _ _ _ _ _ _.

Lösung: _ _ _ _ _

Capri: omicidio sotto il sole

Esercizio 1: Contrari. Wie lautet das Gegenteil?

1. comodo ______________________
2. vicino ______________________
3. simpatico ______________________
4. luminoso ______________________

Esercizio 2: Tempi verbali. Welche Zeitformen gehören zusammen?

1. ☐ Imperfekt	a) andrò
2. ☐ Futur I	b) vado
3. ☐ Präsens	c) andavo
4. ☐ Gerundium	d) sono andato
5. ☐ Perfekt	e) andrei
6. ☐ Konditional I	f) sto andando
7. ☐ Konjunktiv Präsens	g) vada

Esercizio 3: Condizionale presente. **Setzen Sie die Verben in das Konditional I!**

1. Prendo la macchina. ______________________
2. Mangiamo un panino. ______________________
3. Cominciate lunedì. ______________________
4. Vuole una birra. ______________________

Esercizio 4: Domande. **Beantworten Sie die Fragen zum Text!**

1. Come si chiama la ragazza che è morta?

____

2. Di cosa è morta la ragazza?

____

3. Che cosa studia Davide?

____

4. Come si chiama la moglie di Tom Louise e quante volte è stato sposato lui?

____

____

Soluzioni

Opera oscura

Esercizio 1: **1.** sua **2.** suo **3.** miei **4.** tua

Esercizio 2: **1.** con **2.** in **3.** di **4.** in

Esercizio 3:

							[1] F		[2] A		
[3] A	R	[4] R	I	V	A	T	O		B		
		E					G		B		
		C					L		A		
[5] P	R	I	N	C	I	P	I	A	N	T	E
		T					O		D		
		A							O		
		R				[6] S	O	G	N	O	
		E							A		
									R		
		[7] P	A	R	M	E	N	S	E		

Esercizio 4: **1.** ero **2.** confessa **3.** piaceva **4.** Si fermava

Esercizio 5: **1.** che **2.** di **3.** che **4.** di

Esercizio 6: **1.** nemico **2.** diverso/differente **3.** odiare **4.** sfortunato

Esercizio 7: **1.** magro **2.** sorride **3.** imbarazzato **4.** felice

Esercizio 8: **1.** per/dalla **2.** a, di **3.** del/sul **4.** all', in **5.** dei/di/del

Esercizio 9: **1.** emozioni (richtig: emozione)
2. si stringe a lei (richtig: a lui)
3. amiche (richtig: amici)
4. alla commissario (richtig: al commissario)
5. commisario (richtig: commissario)
6. l'occhio al suolo (richtig: gli occhi al suolo)

Esercizio 10: **1.** staranno **2.** andrà **3.** aprirà **4.** sarà

Esercizio 11: **1.** Il tenore è stato assassinato da qualcuno.
2. Le riviste sono/vengono vendute dal giornalaio.
3. Rosetta è stata chiamata dal commissario.
4. Rosetta è stata aiutata da Augusto.

Esercizio 12: **1.** voglia **2.** mentisca/menta **3.** lasci **4.** dica **5.** debba

Esercizio 13: **1.** falsità **2.** sicuro **3.** dimenticare **4.** indifeso

Esercizio 14: **1.** ucciso **2.** trascorso **3.** promesso **4.** distinto **5.** vissuto

Esercizio 15: **1.** f **2.** a **3.** d **4.** b **5.** c **6.** e

L'ultimo regalo

Esercizio 1: **1.** le brevi carriere **2.** le cantanti liriche **3.** gli appartamenti scenografici **4.** i mobili antichi

Esercizio 2: **1.** Alla **2.** nel **3.** su **4.** in **5.** di **6.** per

Esercizio 3: **1.** suoi **2.** suo **3.** sua **4.** sue

Esercizio 4: **1.** convinto **2.** ingiusto **3.** serio **4.** noioso

Esercizio 5: **1.** Dove ha passato Ragnetti la domenica?/Dove ha passato la domenica Ragnetti?
2. Chi sta per arrivare?
3. Quando sono venuti i dubbi alla signora?
4. Che cosa non vuole riprendere in mano l'ispettore?

Esercizio 6: **1.** era **2.** abitava **3.** diceva **4.** faceva **5.** viaggiava

Esercizio 7: **1.** b **2.** d **3.** c **4.** a

Esercizio 8: **1.** richtig **2.** falsch (Adele ha risposto al telefono e ha chiesto di spostare il bagno al giorno dopo.)
3. richtig **4.** richtig

Esercizio 9: **1.** L'unico che le fa coraggio è il suo avvocato.
2. Petrella non li compra spesso.
3. La fidanzata non si è innamorata subito di lui.
4. Petrella fa di tutto per aiutarli.

Esercizio 10: **1.** raccontava **2.** conoscere **3.** poliziotto **4.** incidente

Esercizio 11:

			1 N			2 C			3 C
	4 P	I	A	N	T	O			O
			S			R			M
			C			S			M
	5 S	C	O	M	P	A	R	S	E
			S						S
6 F	A	T	T	O					S
			O		7 V	I	S	T	O

Esercizio 12: **1.** ha chiesto **2.** faceva **3.** è arrivata **4.** è entrato

Esercizio 13: **1.** mostra **2.** ricordo **3.** pensiero **4.** controllo

Esercizio 14: Così, subito, ancora, veramente, poi, più

Esercizio 15: **1.** si fidava **2.** mi occupavo **3.** ci divertivamo **4.** mi sono accorto

Esercizio 16: **1.**Teresa voleva comprare un appartamento al nipote.

2. Fiorini ha visto Mauro alla festa e si è spaventato. / Fiorini alla festa ha visto Mauro e si è spaventato.

3. Il dottore è tornato da Titti per farle cambiare idea.

4. Per Petrella Fiorini ha ucciso la povera signora.

Capri: omicidio sotto il sole

Esercizio 1: **1.** gli spazzini **2.** gli immigrati **3.** i ristoranti **4.** le nazionalità **5.** le chiese

Esercizio 2: **1.** spazzatura **2.** scopa **3.** ragazza **4.** occhio

Esercizio 3: **1.** morta **2.** alto **3.** capelli **4.** parole **5.** ripetere

Esercizio 4: **1.** Sto andando a cena.
2. Stai bevendo molto vino.
3. Stiamo scrivendo un'e-mail.
4. Cosa state mangiando?
5. Stiamo facendo la spesa.

Esercizio 5: **1.** notte **2.** vita **3.** risposta **4.** sera

Esercizio 6: **1.** Oggi parlerò con la maestra di scuola.
2. Dovrò dare questo libro alla mia amica.
3. Cercheremo l'errore insieme.
4. Andrete insieme in spiaggia?

Esercizio 7: **1.** Dimenticalo/Scordatelo! **2.** Andiamo alla grotta. **3.** Amami! **4.** Fallo per me!

Esercizio 8: **1.** bene **2.** buona **3.** bene **4.** bene **5.** buona

Esercizio 9: **1.** verità **2.** esperienza **3.** cane **4.** spiaggia **5.** mattina

Esercizio 10: **1.** chiedeva **2.** ragazzi **3.** alibi **4.** serata **5.** delitto

Esercizio 11: **1.** falsità **2.** sciocco **3.** pensare **4.** salvare **5.** arresto

Esercizio 12:

B	R	U	T	T	O	V	F	P	S
I	N	G	U	M	S	U	A	O	I
L	N	U	O	V	O	R	O	G	M
S	O	A	G	I	U	L	V	F	P
I	E	L	E	G	A	N	T	E	A
S	U	U	T	P	O	V	F	L	T
I	N	G	U	M	S	U	A	I	I
L	S	U	O	V	O	R	O	C	C
T	P	A	Z	I	E	N	T	E	O

Esercizio 13: **1.** simpatici **2.** piccola **3.** belle **4.** bella, felice

Esercizio 14: **1.** con **2.** sul **3.** da **4.** di **5.** per **6.** a **7.** del

Esercizio 15: **1.** spazzatura **2.** verità **3.** vicino **4.** nessuno **5.** saprà **6.** bicchieri **7.** si alza

Test finale

Opera oscura

Esercizio 1: **1.** il **2.** la **3.** il **4.** il **5.** le **6.** la

Esercizio 2: **1.** d **2.** c **3.** a **4.** b

Esercizio 3: **1.** b **2.** a **3.** b **4.** b

Esercizio 4: **1.** Lo spettacolo comincerà alle otto di sera.
2. Perché non facciamo un giro con la Cinquecento?
3. Là c'è una pizzeria. Ci andiamo? Sì, ho fame!

4. Parma è una bella città.
5. Si può andare a piedi dal macellaio.
6. So che è stato lui.
7. Lui è il mio più grande cliente.

L'ultimo regalo

Esercizio 1: **1.** a **2.** b **3.** b **4.** a **5.** a **6.** a

Esercizio 2: **1.** b **2.** a **3.** e **4.** c **5.** d

Esercizio 3: **1.** perché, che **2.** finché **3.** se **4.** Quando

Esercizio 4: **1.** lettere **2.** profumo **3.** Luisa **4.** vasca da bagno **5.** mobili antichi
Lösung: Tosca

Capri: omicidio sotto il sole

Esercizio 1: **1.** scomodo **2.** lontano **3.** antipatico **4.** buio

Esercizio 2: **1.** c **2.** a **3.** b **4.** f **5.** d **6.** e **7.** g

Esercizio 3:
1. Prenderei la macchina.
2. Mangeremmo un panino.
3. Comincereste lunedì.
4. Vorrebbe una birra.

Esercizio 4:
1. La ragazza che è morta si chiama Serena.
2. La ragazza è morta d'infarto.
3. Davide studia Economia e Commercio.
4. La moglie di Tom Louise si chiama Elaine e lui è stato sposato quattro volte.

Glossario

ϟ = umgangssprachlich
f = feminin
m = maskulin
pl = Plural
irr = unregelmäßiges Verb

a fatica	mit Mühe
a proposito	übrigens
a quanto pare	wie es scheint
abbandonare	*hier*: allein lassen
abbassare	senken
abbassarsi	sich bücken
abbracciare	umarmen
abbraccio *m*, abbracci *pl*	Umarmung
accadere *irr*	passieren
accontentare	zufriedenstellen
accontentarsi di qc.	sich mit etw. begnügen
accorgersi di qu./qc. *irr*	jmd./etw. (be)merken
accumulare	sammeln, anhäufen
accusa *f*	Beschuldigung, Anschuldigung
accusato	beschuldigt
addosso	*hier*: auf ihn
adorare	verehren; lieben
affare *m*	Geschäft
affaticato	angestrengt, ermüdet
affezionarsi a qu.	jmd. lieb gewinnen
affidare	anvertrauen
affidarsi	sich anvertrauen
affittacamere *m/f*	Vermieter(in)
affollato	überfüllt

affrescato	*hier*: als Fresko gemalt
affresco *m*, affreschi *pl*	Fresko
aggiungere *irr*	hinzufügen
aggredire	angreifen
agguerrito	kämpferisch
agire	handeln
agnolotto *m*	halbrunde, gefüllte Nudelteigtaschen
(essere *irr*) alle prime armi	ein (blutiger) Anfänger (sein)
allontanarsi	sich entfernen
amaro	bitter
ammazzare	umbringen
ammettere *irr*	*hier*: zulassen; zugeben
ammirazione *f*	Bewunderung
ammobiliato	möbliert
anello *m*	Ring
annegare	ertrinken
anniversario *m*, anniversari *pl*	Jubiläum
annotare	aufschreiben, notieren
anonimato *m*	Anonymität
ansioso	ungeduldig; ängstlich
antiruga	Anti-Falten-
anzi	im Gegenteil
anziano	alt
apparentemente	scheinbar
appariscente	auffallend, auffällig
appassionarsi	sich begeistern
appassionato/a *m/f*	Begeisterte(r)
appeso	aufgehängt
appoggiarsi	sich anlehnen; sich (auf)stützen
approfittarsi di qu./qc.	jmd./etw. ausnutzen
argento *m*	Silber
arma *f*	Waffe
arrabbiarsi	wütend werden, sich ärgern
arrestare	verhaften
assassinio *m*, assassini *pl*	Mord
asse *f* di legno	Holzbrett
assicurare	versichern
assomigliare	ähneln
assumere *irr*	einstellen

atteggiamento *m*	Haltung
attesa *f*	Erwartung
atteso	erwartet
attirare	anziehen
attore *m*, attrice *f*	Schauspieler(in)
avanzato	fortgeschritten
avere *irr* l'aria	aussehen
avere *irr* naso per qc.	ein gutes Gespür für etw. haben
avvertire	benachrichtigen
avviarsi	sich begeben
avvicinarsi	sich (an)nähern
avvocato/a *m/f*	Rechtsanwalt
avvolgere *irr*	einwickeln, umhüllen
azione *f*	*hier*: Aktie
bandana *f*	*hier*: Kopfbedeckung
bidone *m*	Mülltonne
bisnonno/a *m/f*	Urgroßvater; Urgroßmutter
borbottare	brummen
brano *m*	Stück
brodo *m*	Brühe
bruciare	verbrennen
burlone *m*	Spaßvogel
bussetano/a *m/f*	Einwohner(in) von Busseto
capitare	passieren
capolavoro *m*	Meisterwerk
cassetto *m* segreto	Geheimfach
cattura *f*	Festnahme
celeste	himmelblau
cenno *m*	Anzeichen, Wink
chiacchierare	plaudern
chinarsi	sich niederbeugen
chiostro *m*	Kreuzgang
ciecamente	blindlings
ciuffo *m*	Haarsträhne
cliente *m/f*	*hier*: Mandant(in); Kunde
cogliere *irr*	ergreifen
coinvolto	verwickelt
colpevole *m/f*	Schuldige(r)
colpito	betroffen

combattere	kämpfen
commettere *irr*	begehen
commuoversi *irr*	gerührt sein
compleanno *m*	Geburtstag
comporre *irr*	*hier*: zurechtlegen
comportarsi	sich benehmen
condivisione *f*	*hier*: Zustimmung
condizione *f*	Zustand
confermare	bestätigen
confessare	gestehen
confidenziale	vertraut
confondere *irr*	*hier*: verwechseln
conquistare	erobern
consenziente	einvernehmlich
considerare	betrachten
consolare	trösten
contadino/a *m/f*	Bauer; Bäuerin
contenere *irr*	zurückhalten
controvoglia	widerwillig
contuso	geprellt
coraggio *m*	Mut
cortile *m*	(Innen-)Hof
culatello *m*	bekannter Schinken aus Zibello (Ort in der Nähe von Parma)
cura *f*	Behandlung
cuscino *m*	Kissen
d'alto bordo	aus der gehobenen Gesellschaft
dal vero	in echt
dannato	verdammt
debito *m*	Schuld; Kredit
decisivo	entscheidend
dedicarsi a qc.	sich etw. widmen
deluso	enttäuscht
denunciare	anzeigen
descritto	beschrieben
destino *m*	Schicksal
determinato	entschlossen
dettaglio *m*, dettagli *pl*	Detail
dichiarare qu. in arresto	jmd. für verhaftet erklären

dichiarazione *f* d'amore	Liebeserklärung
dietro le quinte	hinter den Kulissen
difendersi *irr*	sich verteidigen
difesa *f*	Verteidigung
dirigersi *irr*	sich wenden
discendente *m/f*	Nachfahre
disordinato	unordentlich
disperato	verzweifelt
disposto a	bereit zu
disprezzo *m*	Verachtung
distinguere *irr*	wahrnehmen, unterscheiden
distratto	zerstreut
disturbare	stören
dito *m*, dita *f pl*	Finger
dividere	teilen
domestico/a *m/f*, domestici/domestiche *pl*	Hausangestellte(r)
donnaiolo *m*	Frauenheld
dubitare	zweifeln
eccitato	überdreht, aufgeregt
echeggiare	widerhallen
(gli studi di) Economia e Commercio	Volkswirtschaftslehre
ematoma *m*	Hämatom, Bluterguss
eredità *f*	Erbschaft
esaminare	untersuchen
esordio *m*, esordi *pl*	*hier*: Debüt
esporre *irr*	ausstellen
espressamente	ausdrücklich
essere *irr* affezionato a qc.	an etw. hängen
essere *irr* all'altezza di qc.	einer Sache gewachsen sein
essere *irr* disposto a	bereit sein zu
estraneo/a *m/f*	Fremde(r)
facciata *f*	Fassade
fama *f*	Ruhm
fanciulla *f*	(junges) Mädchen
farcela	es schaffen
fare *irr* altrimenti	*hier*: nicht umhinkommen
fare *irr* da cornice	den Rahmen bilden

fare *irr* i capricci	bockig sein
fare *irr* la corte a qu.	jmd. den Hof machen
fare *irr* le pulizie	putzen
fare *irr* pena	leidtun
fare *irr* pesi	Kraftsport (be)treiben
farfallino *m*	Fliege (Bekleidungsstück)
fascicolo *m*	*hier*: Akte
fatidico	schicksalhaft
fessura *f*	Schlitz
fiato *m*	Atem(zug)
fidanzato/a *m/f*	Verlobte(r)
fidarsi di qc.	jmd. vertrauen
fidarsi di qu./qc.	sich auf jmd./etw. verlassen; jmd./etw. vertrauen
fiero	stolz
ϟ figuriamoci!	*hier*: unvorstellbar!
fila *f*	Reihe
finto	falsch, künstlich
funerale *m*	Beerdigung
funicolare *f*	Drahtseilbahn
furto *m*	Diebstahl
galera *f*	Gefängnis
geloso	eifersüchtig
generoso	großzügig
gestire	leiten, führen
ghiacciato	eisgekühlt
giacere *irr*	liegen
giramento *m* di testa	Schwindelanfall
giudicare	(be)urteilen
giurare	schwören
gommone *m*	Schlauchboot
graffiare	kratzen
graffiato	zerkratzt
guaio *m*, guai *pl*	Ärger
guardia *f* del corpo	Leibwächter
imbarazzato	verlegen
immischiarsi	sich einmischen
impallidire	erblassen
impaziente	ungeduldig

impazzire	verrückt werden
impegnato	beschäftigt
impegno *m*	Verpflichtung
impresario/a *m/f*	Unternehmer(in)
impressione *f*	Eindruck
improbabile	unwahrscheinlich
improvvisamente	plötzlich
improvviso	plötzlich
impugnare	in der Faust halten
in fretta	in Eile
inaugurazione *f*	Eröffnung
incantato	verzaubert
inciampare	stolpern
incidente *m*	Unfall
incinta	schwanger
incubo *m*	Albtraum
indagare	ermitteln
indagine *f*	Ermittlung
indicare	zeigen (auf)
indifferente	gleichgültig
indipendente	selbstständig, unabhängig
indossare	anhaben, tragen
infermiere/a *m/f*	Krankenpfleger, Krankenschwester
ingannare	täuschen, betrügen
ingenuo/a *m/f*	naiver Mensch
inginocchiarsi	sich niederknien
innamorato	verliebt
inseguirsi	sich verfolgen
insistere	(auf etw.) beharren
intervenire *irr*	eingreifen, sich einmischen
inutile	*hier*: sinnlos
invadere *irr*	*hier*: eindringen
inventare	erfinden
inventato	erfunden
investigatore *m* privato	Privatdetektiv
invitato/a *m/f*	Gast
itinerario *m*, itinerari *pl*	Rundweg, Route
labbro *m*, labbra *f pl*	Lippe
lacrima *f*	Träne

ladro/a *m/f*	Dieb(in)
lago *m*, laghi *pl*	See
lamentarsi	sich beschweren
lanciare	schmeißen
laurea *f*, lauree *pl*	Hochschulabschluss
letto *m* a castello	Etagenbett
limare	feilen
litigare	(sich) streiten
litigata *f*	Streit
luna *f* di miele	Flitterwochen
mancamento *m*	Ohnmacht
mancia *f*, mance *pl*	Trinkgeld
mantenere *irr* qu.	jmd. (finanziell) unterhalten
mantenere *irr*	bewahren
matrimonio *m*	Hochzeit, Ehe
mazzo *m*	Strauß
medioevale	mittelalterlich
mentire	lügen
mettere *irr* con le spalle al muro	*hier*: entlarven
mettere *irr* la pulce nell'orecchio a qu.	jmd. einen Floh ins Ohr setzen
miele *m*	Honig
mistero *m*	Rätsel; Geheimnis
modesto	bescheiden
mossa *f*	Handlung, Bewegung
movente *m*	Motiv
nascondere *irr*	verstecken
nei riguardi di	in Bezug auf
nemico *m*, nemici *pl*	Feind
ninnolo *m*	Nippfigur
nipote *m/f*	*hier*: Enkel, Enkelin; Neffe
noioso/a *m/f*	Langweiler
non darsi *irr* pace	nicht zur Ruhe kommen
nozione *f*	Kenntnis, Begriff
occhiata *f*	Blick
occuparsi di	sich kümmern um
offeso	beleidigt
oltretutto	außerdem

ombra *f*	Schatten
omicidio *m*, omicidi *pl*	Mord
onorario *m*, onorari *pl*	Honorar
oscurato	abgedunkelt
osservare	beobachten
ossessionato	besessen
ovunque	überall
palcoscenico *m*, palcoscenici *pl*	Bühne
pallido	blass
pancia *f*, pance *pl*	Bauch
parere *irr*	scheinen
partecipare	teilnehmen
passione *f*	Leidenschaft
pasticcino *m*	Kleingebäck
peggiorare	schlechter werden
pena *f*	Leid
pensione *f*	Rente
pentirsi di qc.	etw. bereuen
per l'appunto	eben, genau
perdonarsi	sich verzeihen
permettersi *irr*	sich erlauben
perquisire	durchsuchen
piangere *irr*	weinen
piano *m*	Plan
pianto *m*	Weinen
Pianura Padana *f*	Po-Ebene
pigro	faul
pittoresco	malerisch
piuma *f* d'oca	Gänsedaune
piuttosto	*hier*: hingegen, stattdessen
plagiare	hörig machen
portico *m*, portici *pl*	Bogengang
portiera *f*	Autotür
portineria *f*	Pforte
pozzo *m*	Brunnen
precedente	vorige(r)
precedentemente	vorher
predestinato	vorherbestimmt

prendere *irr* in giro	auf den Arm nehmen
prendersi *irr* a cuscinate	eine Kissenschlacht machen
preoccupato	besorgt
prestigioso	angesehen
prestito *m*	Darlehen
presunto	mutmaßlich
prevenire *irr*	vorbeugen
prigione *f*	Gefängnis
prima *f*	Premiere, Erstaufführung
primario/a *m/f*, primari/e *pl*	Chefarzt, Chefärztin
principiante *m/f*	Anfänger(in)
procura *f*	Staatsanwaltschaft
proibire	verbieten
promessa *f*	Versprechen
promettere *irr*	versprechen
proporre *irr*	vorschlagen
proprietario/a *m/f*, proprietari/e *pl*	Eigentümer(in), Besitzer
prosperoso	üppig
proteggere *irr*	(be)schützen
pugno *m*	Faustschlag
pulpito *m*	Kanzel
punizione *f*	Strafe
quaderno *m*	Heft
quadro *m*	Gemälde
quotidiano *m*	Tageszeitung
raggiungere *irr*	erreichen
ramo *m*	Ast
rapporto *m*	Beziehung, Verhältnis
raptus *m*	Wutanfall
rasserenare	aufheitern
rassicurare	beruhigen, versichern
recitare	vortragen, spielen
recuperare	zurückholen, wiedererlangen
rendere *irr*	*hier*: erscheinen lassen
rendersi *irr* conto	sich bewusst werden
responsabile	verantwortlich
responsabilità *f*	Verantwortung
ribattere	erwidern

ridicolo	lächerlich
riesumato	exhumiert
riguardare	betreffen
rilevare le impronte *f pl*	Spuren sichern
rimuovere *irr*	verdrängen
rinunciare	verzichten
ripieno *m*	Füllung
riposare	ausruhen
risolvere *irr*	(auf)lösen
risolversi *irr*	sich (auf)lösen
risparmio *m*, risparmi *pl*	Ersparnis
ritirare	abheben
rivelarsi	sich herausstellen
rossetto *m*	Lippenstift
sacrificarsi	sich (auf)opfern
sacrificio *m*, sacrifici *pl*	Opfer
sangue *m*	Blut
sbalzo *m* di pressione	Blutdruckschwankung
sbattere	zuschlagen
sbucare	*hier*: hervorquellen
scappare	fliehen
scattare foto	Foto(s) schießen
schiarire	aufhellen
scientifica *f*	Erkennungsdienst
scomparire *irr*	verschwinden
scontrino *m*	Kassenzettel
sconvolto	bestürzt, erschüttert
scopa *f*	Besen
scoppiare	platzen
scorgere *irr*	erblicken
scrivania *f*	Schreibtisch
scuotere *irr*	schütteln
ϟ seccato	genervt
sedia *f* a sdraio	Liegestuhl
sedile *m* posteriore	Rücksitz
semaforo *m*	Verkehrsampel
seno *m*	Busen
sentimento *m*	Gefühl
sereno	ruhig, heiter

set *m*	*hier*: Filmbühne
severo	streng
sforzo *m*	Mühe, Anstrengung
sfumatura *f*	Nuance
sguardo *m*	Blick
sigillato	versiegelt
sincero	ehrlich, aufrichtig
singhiozzare	schluchzen
sistemarsi	zurechtmachen
smorfia *f*	Grimasse
soap opera *f*	Seifenoper
socio/a *m/f*	Gesellschafter(in)
sollievo *m*	Erleichterung
sopracciglio *m*, sopracciglia *f pl*	Augenbraue
sopralluogo *m*, sopralluoghi *pl*	Besichtigung, Ortstermin
sorso *m*	Schluck
sospettare di qu.	jmd. verdächtigen
sospetto *m*	Verdacht
sospetto/a *m/f*	Verdächtige(r)
sospettoso	misstrauisch
sospirare	seufzen
sostenere *irr*	stützen
sottana *f*	(Unter-)Rock
sovrappeso	übergewichtig
spacciatore *m*	Dealer
sparare	schießen
sparso	verstreut
spartito *m*	Partitur
spasimante *m/f*	Verehrer(in)
spaventato	erschrocken
spazzatura *f*	Müll, Abfall
spazzino/a *m/f*	Müllwerker(in)
spiegare	erklären
spingere *irr*	schieben, schubsen
spingersi *irr* avanti	sich vorschieben
spinta *f*	Stoß
sposare	heiraten

sposarsi	heiraten
spostare	verschieben
squillo *m*	Klingeln
strappato	zerrissen
stregato	verhext
stringere *irr*	drücken
stringersi *irr*	sich festhalten
stupirsi	sich wundern
stupito	erstaunt
stupore *m*	(Er-)Staunen
sudato	verschwitzt
suocero/a *m/f*	Schwiegervater; Schwiegermutter
supereroe *m*	Superheld, Supermann
superstizioso	abergläubisch
sussurrare	flüstern
svenire *irr*	ohnmächtig werden
svolgersi *irr*	sich abspielen
tacco *m*, tacchi *pl*	(Schuh-)Absatz
tagliar(e) corto	(es) kurz machen
temere	fürchten
tenda *f*	*hier*: Vorhang; Zelt
testardaggine *f*	Dickköpfigkeit, Eigensinn
testardo	dickköpfig, eigensinnig
testimone *f/m*	Zeuge, Zeugin
testimoniare	bezeugen
timido	schüchtern
toccare	anfassen, berühren
tomba *f*	Grab
tombale	Grabes-
tortuoso	kurvenreich
traccia *f*, tracce *pl*	Spur
tradimento *m*	Verrat, Untreue
trascorrere *irr*	verbringen
trasferirsi	umziehen
trattarsi di	sich handeln um
trattenere *irr*	zurückhalten
tremare	zittern
tribunale *m*	Gericht
truccato	geschminkt

ubriaco	betrunken
umile	bescheiden
unghia *f*, unghie *pl*	Nagel
urlo *m*, urli *m pl*/urla *f pl*	(Ge-)Schrei
vantaggio *m*, vantaggi *pl*	Vorteil
vasca *f* da bagno	Badewanne
vena *f* artistica	künstlerische Ader
versare	einschenken
vietare	verbieten
violentare	vergewaltigen
violenza *f* carnale	Vergewaltigung
violenza *f*	Gewalt
viso *m*	Gesicht
vita *f*	Taille; Leben
vocazione *f*	Berufung
zoppicare	hinken
zuffa *f*	Prügelei

Indice degli esercizi

Opera oscura

	Soggetto	Esercizio	Pagina
1	Grammatica	Possessivi	8
2	Grammatica	Preposizioni	10
3	Vocabolario	Cruciverba	13
4	Grammatica	Forme verbali	16
5	Grammatica	Di o che?	19
6	Vocabolario	Contrari	20
7	Vocabolario	Traduzione	22
8	Grammatica	Preposizioni	26
9	Grammatica	Correggere gli errori	28
10	Grammatica	Futuro	31
11	Grammatica	Passivo	33
12	Grammatica	Congiuntivo presente	37
13	Vocabolario	L'intruso	40
14	Grammatica	Participio Perfetto	41
15	Vocabolario	Contrari	43

L'ultimo regalo

	Soggetto	Esercizio	Pagina
1	Grammatica	Plurale	47
2	Grammatica	Preposizioni	48
3	Grammatica	Possessivi	51
4	Vocabolario	L'intruso	53
5	Grammatica	Domande	56
6	Grammatica	Imperfetto	57
7	Vocabolario	Sinonimi	59
8	Comprensione del testo	Vero o falso?	62
9	Grammatica	Pronomi personali	66

	Soggetto	Esercizio	Pagina
10	Vocabolario	Lettere in disordine	67
11	Grammatica	Cruciverba	70
12	Grammatica	Imperfetto o passato prossimo?	72
13	Vocabolario	Parole della stessa famiglia	74
14	Grammatica	Avverbi	76
15	Grammatica	Forma riflessiva	80
16	Grammatica	Parole in disordine	82
Capri: omicidio sotto il sole			
1	Grammatica	Plurale	88
2	Vocabolario	Lettere in disordine	89
3	Vocabolario	Traduzione	90
4	Grammatica	Gerundio	95
5	Vocabolario	Parole della stessa famiglia	96
6	Grammatica	Futuro semplice	100
7	Grammatica	Imperativo	103
8	Grammatica	Buono o bene?	105
9	Vocabolario	Cruciverba	107
10	Vocabolario	Lettere in disordine	110
11	Vocabolario	L'intruso	113
12	Vocabolario	La griglia	115
13	Grammatica	Aggettivi	117
14	Grammatica	Preposizioni	119
15	Grammatica	Traduzione	122
Test finale			
Opera oscura			
1	Grammatica	Articolo determinativo	126
2	Vocabolario	Modi di dire	126
3	Comprensione del testo	Vero o falso?	127
4	Grammatica	Accenti	127
L'ultimo regalo			
1	Grammatica	Preposizioni	128
2	Vocabolario	Definizioni	129

	Soggetto	Esercizio	Pagina
3	Grammatica	Congiunzioni	129
4	Comprensione del testo	La parola nascosta	130
Capri: omicidio sotto il sole			
1	Vocabolario	Contrari	131
2	Grammatica	Tempi verbali	131
3	Grammatica	Condizionale presente	132
4	Comprensione del testo	Domande	132

Lernkrimi Lektüren Italienisch

A1

Dieci minuti per morire
Kurzkrimis
ISBN 978-3-8174-9660-0

Il primo morto
Kurzkrimis
ISBN 978-3-8174-9437-8

A2

Il testamento del dottor Bianchi
Kurzkrimis
ISBN 978-3-8174-7761-6

Omicidio alla Scala
Kurzkrimis
ISBN 978-3-8174-7874-3

Segreti mortali
Kurzkrimis
ISBN 978-3-8174-8547-5

B1

Opera oscura
Kurzkrimis
ISBN 978-3-8174-8837-7

Piazza del panico
Kurzkrimis
ISBN 978-3-8174-7948-1

Chianti di sangue
Classic
ISBN 978-3-8174-9488-0

Errore fatale
Classic
ISBN 978-3-8174-8260-3

Pericolo sul Ponte Vecchio
Classic
ISBN 978-3-8174-7762-3

Omicidio al Foro Romano
Classic
ISBN 978-3-8174-7688-6

I casi del Commissario Nicoletti
Sammelband 3 in 1
ISBN 978-3-8174-8381-5

Il mostro di Roma
Lernthriller
ISBN 978-3-8174-8966-4

Vendetta al Vaticano
Lernthriller
ISBN 978-3-8174-9498-9

B2

Die Maske des Schreckens
Classic
ISBN 978-3-8174-7417-2

Morte al dente
Classic
ISBN 978-3-8174-7623-7

Venezianische Verschwörung
Classic
ISBN 978-3-8174-7624-4

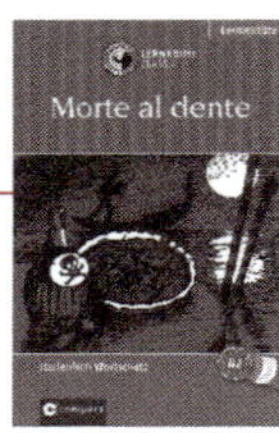

C1

Il rientro del Padrino
Classic
ISBN 978-3-8174-8543-7

Lernkrimi Hörbücher Italienisch

A2

Corsa con ostacoli
ISBN 978-3-8174-8266-5

Una valigia misteriosa
ISBN 978-3-8174-9499-6

B1

Aperitivo mortale
ISBN 978-3-8174-7841-5

Caffè mortale sul Lago di Garda
ISBN 978-3-8174-7746-3

Lernkrimi Rätselblöcke Italienisch

A1

Una domenica mortale
ISBN 978-3-8174-9502-3

A2

Morte nel parco
ISBN 978-3-8174-9158-2

B1

La notte del mistero
ISBN 978-3-8174-8835-3

Weitere Lektüren

B1

Amanti dell'oscurità
Vampire Stories
ISBN 978-3-8174-8382-2

Tempi movimentati
Lernstories
ISBN 978-3-8174-8377-8